부모의 기도로
성년자녀를
돕는다

스토미 오마샨 지음 | 김태곤 옮김

The Power of
Praying for Your
Adult Children

생명의말씀사

THE POWER OF PRAYING™ FOR YOUR ADULT CHILDREN
by Stormie Omartian

Copyright ⓒ 2009 by Stormie Omartian
Published by Harvest House Publishers
Eugene, Oregon 97402, USA.
www.harvesthousepublishers.com
All rights reserved.

Korean Edition published by Word of Life Press, Seoul, 2010.
Translated and published by permission.
Printed in Korea.

부모의 기도로
성년자녀를
돕는다

ⓒ **생명의말씀사** 2010

2010년 9월 20일 1판 1쇄 발행
2025년 12월 2일 2쇄 발행

펴 낸 이   김창영
펴 낸 곳   생명의말씀사
등   록   1962. 1. 10. No.300-1962-1
주   소   서울시 종로구 경희궁 1길 6 (03176)
전   화   (02)738-6555(본사), (02)3159-7979(영업부)
팩   스   (02)739-3824(본사), 080-022-8585(영업부)

기획편집   전보아
디 자 인   맹영미
제   작   신기원, 오인선, 홍경민
마 케 팅   이지은, 선승희, 박혜은
영   업   박재동, 김창덕, 김규태, 이성빈, 김덕현, 황성수
인   쇄   주손디앤피
제   본   주손디앤피

ISBN 978-89-04-18100-1 (03230)

부모의 기도로 성년자녀를 돕는다

The Power of Praying
for Your Adult Children

Contents

The Power of Praying
for Your Adult Children

1부

성년자녀의 부모가
명심해야 할 7가지

부모의 기도로 성년자녀를 돕는다

by Stormie Omartian

성년자녀의 부모가
명심해야 할 7가지

The Power of Praying for Your Adult Children

성년자녀를 둔 모든 부모가 꼭 알아야 할 7가지가 있다. 이 7가지에 대해서는 아무도 알려 주지 않는 경우가 많다. 내 자녀가 성인의 문턱에 들어서기 전에 누군가가 이것들을 조금이나마 언급이라도 해주었다면 좋지 않았을까 하는 생각이 든다. 그랬다면 미리 준비할 수 있었을 것이다.

당신이 예비 부모일 때 풍부한 연륜을 지닌 부모가 자녀 출생을 앞둔 당신을 축하해 준다. 당신의 아이가 태어날 때 축하해 주고, 자녀 육아법에 관한 조언을 한다. 하지만 훗날 다가올 아이의 성년 시기에 대해서는 모두들 아무 언급도 하지 않는다. '굳이 말할 필요가 있나?' 하고 생각하는 것인지 빙긋이 웃기만 할 뿐 장래 일에 대해 아무 말도 하지 않는다. 아니면 성년자녀 때문에 힘들었던 것은 자신만의 경험이기에

군이 얘기하고 싶지 않아서일 수도 있다. 이유가 무엇이든 그것에 대해 말하는 사람은 아무도 없다. 적어도 나는 아무 얘기도 들은 적이 없다.

자녀가 고등학교를 졸업하고, 대학에 들어가고, 그러고는 당신이 할 일은 끝이다. 그들은 그들의 삶을 살고 당신은 당신의 삶을 산다. 그들은 당신에게서 배운 모든 것을 기억하며 살고, 좋은 직장을 찾고 결혼하며 또한 매년 몇 번씩 자녀를 데리고 당신을 찾아온다. 이제 양육의 시기는 끝났다! 당신이 늘 꿈꾸어 왔지만 자녀 양육 때문에 너무 바빠서 할 수 없었던 일들을 이제 할 수 있다.

하지만 그런 생각을 버려야 한다! 그런 일은 절대 일어나지 않는다.

자녀가 고등학교를 졸업하고 나면 당신은 더 힘든 양육이 시작됨을 알게 될 것이다. 당신은 자녀가 좋은 대학이나 좋은 직장에 들어가기를 기도할 것이다. 또한 당신은 "하나님은 죽었다."는 등의 그릇된 이론을 부추기는 교수들이 없기를 기도할 것이다.

성년자녀에게 미치는 악한 영향들은 예상보다 더욱 심각하다. 또한 그 영향들은 당신의 젊은 시절보다 훨씬 더 불길하다. 그래서 마음을 졸일 수밖에 없다. 그러나 관심을 기울일 일들은 더 많아지는 반면, 당신이 통제할 수 있는 범위는 더 적어진다.

자녀가 졸업하면 당신은 그들이 안정된 일자리를 찾기 바랄 것이다. 멋진 사람을 만나서 결혼하기를 바라고, 결혼 후에는 그들의 결혼 생활이 원만하기를 바랄 것이다. 그리고 건강하며 경제적으로 넉넉하기를 기대할 것이다. 또 손자녀들이 건강하고 경건하게 잘 자라기를 바랄 것이다.

여기서 말하는 것에 대해 당신은 이미 대략적으로나마 알고 있거나 확신하고 있는 내용일 수 있다. 나는 이 사실을 당신에게 단지 알려 주는 데서 그치지 않고, 이런 문제들을 어떻게 대처하고 해결할지 그 방법도 제시하려 한다. 우선 여기서 나는 성년자녀를 둔 모든 부모가 알아야 할 7가지를 언급하고자 한다.

1. 부모의 역할은 결코 끝나지 않는다

자녀 양육에 관해 당신에게 아무도 알려 주지 않는 부분이 있다. 그것은 바로 '부모의 역할은 결코 끝나지 않는다' 는 것이다.

갓난아이를 키우느라 쉴 틈 없이 염려하며 기진맥진한 초짜 부모들에게 나는 "염려 마세요. 19년만 더 고생하면 돼요."라며 농담을 건네곤 했다.

다소 짓궂은 농담에 그들은 마지못해 웃곤 했다. 하지만 이제 나는 그 농담이 바로 내게 해당하는 것임을 안다. 생각했던 것보다 내게 훨씬 더 짓궂은 농담으로 돌아왔다. 왜냐하면 부모 노릇, 즉 양육의 책임은 결코 끝나지 않기 때문이다. 자녀 양육 책임의 단계와 시기는 다를지라도, 당신의 마음과 생각은 남은 생애 동안에도 언제나 자녀와 함께할 것이다. 이것은 쉬운 일이 아니다. 왜냐하면 그들이 어디로 가든, 무엇을 하든, 당신의 일부는 그들과 동행할 것이기 때문이다. 그들이 행복하면 당신도 행복하다. 그들이 고통당하면 당신도 고통스럽다. 그들이 성장하고 당신이 더 이상 그들과 함께 살지 않더라도 여전히 당신은 그들의 안전, 수고, 두려움, 연약함, 성공, 실패, 선택 그리고 실수들에 신경 쓸 것이다.

남편과 함께 아들 크리스를 대학 기숙사로 데려다 주었던 날이 기억난다. 집으로 돌아오는 내내 나는 울었다. 내가 울었던 시간은 15분에 불과했다. 그 대학과 우리 집이 멀리 떨어져 있지 않았기 때문이다. 내가 운 것은 아들을 다시는 보지 못할 거라고 생각했기 때문이 아니라, 아들과 함께하는 날들이 끝났다고 생각했기 때문이다.

다음 날 오후 3시에 나는 누군가가 뒷문을 통해 집으로 들어오는 소리를 들었다. 친정아버지가 그 사람과 얘기를 나누고 계셨다. 나는 그 사람이 누군지 궁금했다. 같이 살거나 집에서 함께 일하는 사람들은 모두 실내에 있었고, 찾아오기로 약속한 사람도 없었다. 내가 주방에 들어서자 놀랍게도 그곳에는 아들이 와 있었다.

"크리스, 웬일로 집에 왔니? 뭐 잊어버린 거라도 있니?"

아들은 "아니요, 작별 인사를 드리려고 들렀어요."라고 쾌활하게 말했다. 그러고는 주방 식탁에 앉아서 거의 두 시간 동안 친정아버지와 얘기를 나누고 학교로 돌아갔다.

아들은 한동안 거의 매일 집으로 왔다. 그러다가 방문 횟수가 줄어들더니 마침내 3-4학년 때에는 일주일에 한두 번 집으로 왔다. 그러나 대학생 아들이 집에 왔던 그 첫날, 나는 아들의 왕래가 앞으로도 끊어지지 않을 것이라는 생각을 갖게 되었다.

자녀가 몇 살이든, 당신의 나이가 몇이든, 서로 얼마나 가까이 또는 멀리 살든 부모는 계속 자녀의 안녕을 깊이 염려하기 마련이다. 성년자녀에게 닥치는 일들은 어릴 적의 일들보다 훨씬 더 심각한 결과를 초래하는 것 같다. 세상이 얼마나 무서운 곳인지를, 죄악이 얼마나 만연해 있는지를, 그리고 이 악한 세상에서 자신이 얼마나 무력한지를 생각할 때 우리는 깊은 염려에 빠질 수밖에 없다.

어린 자녀도 삶을 위협하거나 삶을 변화시킬 만한 매우 힘든 상황에 직면할 수 있지만, 그들이 우리와 함께 살며 보호를 받는 한 우리는 그 상황을 더 잘 통제하거나 직접 개입할 수 있다고 느낀다. 그러나 자녀가 성년이고 그들 스스로 여러 가지 결정을 내릴 때, 우리는 그들의 결정에 따른 심각한 결과들을 지켜봐야 한다. 또한 그 잘못된 결정에 따르는 대가를 우리가 그들과 함께 치러야 한다.

성년자녀의 어려운 처지를 보면서 우리는 그들을 돕기를 원한다. 하지만 그 도움의 한계는 어디까지일까? 이 질문에 대한 답은 아무도 모른다.

부모가 성년자녀에 대해 많은 관심을 기울일 수 있지만, 반드시 그들의 일에 직접 관여해야 하는 것은 아니다. 심지어 우리의 생각과 견해를 얘기할 기회를 얻지 못할 수도 있다. 적어도 성년자녀에게는 그렇다. 하지만 우리가 그런 관심사를 하나님께 아뢰어 그분의 도우심을 구할 수는 있다. 하나님이 우리의 기도를 듣고 자녀를 위해 그 기도에 응답해 주실 것이라는 확신, 우리가 이 확신을 가질 수 있다는 것이 위대한 일이다. 그리고 이 확신은 다른 어디서도 찾을 수 없는 평안을 가져다준다.

2. 우리가 어떻게 할 수 없다

얼마 전에 나는 40대 초반의 매력적인 젊은 여성을 만난 적이 있다 (내 나이가 되면 40대는 젊고, 30대는 매우 젊으며, 30세 이하는 아이로 보인다). 이 젊은 여성과 나는 무더운 날씨에 대해 잠시 얘기를 나누었다. 그런 후에 그녀가 불쑥 말했다.

"여사님이 쓴 책에 대해 감사……."

그녀는 말을 맺지 못했다. 흘러나오는 눈물을 참으려고 연신 침을 삼켰지만, 눈물이 그녀의 뺨을 타고 흘러내렸다. 한참이 지나서야 그녀의 마음이 가라앉았다. 나는 그녀가 결혼생활 문제로 마음에 상처를 입었을 것이라고 짐작했다. 그녀를 위로하기 위해 팔을 잡고 조용히 기다렸다. 마침내 그녀가 말을 마무리했다.

"여사님이 부모의 기도에 관해 쓰신 책이 정말 큰 도움을 주었어요."

'부모'라는 단어에서 나는 그녀의 고통이 무엇 때문인지를 즉시 알아차렸다. 그것은 자녀 문제에 직면한 부모만이 느낄 수 있는 깊은 고통이었다. 여러 해에 걸쳐 많은 부모에게서 들어온 수많은 이야기들이 갑자기 떠올랐다. 자녀의 불순종, 반항, 질병, 재난, 비극, 부상으로 인한 고통스러운 마음이, 혹은 바람직한 삶을 살아가지 못하는 자녀를 보면서 느끼는 부모의 슬픔이 홍수처럼 내 생각 속에 밀려들었다.

그녀의 얘기는 성년자녀에 대한 내용이었다. 그녀와 남편은 28세인 아들과의 심각한 문제로 괴로워하고 있었다. 아들이 어릴 적에도 많은 문제를 일으켰는데, 내 책이 그녀에게 큰 도움을 주었다고 했다. 하지만 아들이 성년이 되자 그들은 아들의 무모함, 부주의, 게으름, 나쁜 선택과 습관, 그리고 수많은 사고들에 부딪혀야 했다.

"이런 일이 언제쯤 끝날까요? 우리는 얼마나 오랫동안 상처와 고통을 견디며 아들을 위해 기도해야 하나요? 아들의 실수들, 특히 돈 문제에 대해 언제까지 보상해 줘야 할까요?"

그녀는 눈물을 줄줄 흘리며 흐느꼈다. 나는 이렇게 대답했다.

"명확한 시점을 얘기해 드리고 싶지만 그럴 수가 없네요. 당신뿐만 아니라 누구나 마찬가지예요. 저는 가는 곳마다 성년자녀의 문제에 관한 이야기들을 들어요. 성년자녀를 직접 도와줘야 할지 아니면 스스로 교훈을 얻도록 내버려 두어야 할지를 놓고 결정하기 힘들 때가 많죠. 자녀들을 포기할 수는 없지만, 그들이 바닥을 치도록 놔둬야 할 때도 있어요. 우리에게는 지혜가 필요합니다. 가만히 서서 그들 스스로를 망치도록 구경만 할 수는 없죠. 우리는 그들이 교훈을 배웠으면 하지만, 그 과정에서 그들의 삶이 망가지는 건 바라지는 않잖아요. 그래서 균형이 필요합니다. 자녀를 직접 도와줘야 할지 아니면 스스로 헤쳐나가도록 지켜보기만 해야 할지 분간할 수 있는 유일한 방법은 하나님께 지혜를 구하는 것입니다. 자녀를 위해 해야 할 일과 하지 말아야 할 일을 가르쳐 달라고 하나님께 간구해야 해요. 자녀들을 위해 기도하는 법도 간구해야 합니다. 직접적인 도움을 주지 않고 그들의 삶에 하나님이 개입하시도록 기도만 해야 할 때를 분명히 알게 해달라고 간구해야 해요. 해야 할 일을 정확히 아시는 분은 하나님뿐이죠. 그리고 자녀를 온전히 하나님 손에 맡기고 주님이 그의 삶을 주관하시게 할 때 비로소 당신은 참된 평안을 얻을 수 있어요. 당신은 아들을 변화시키지 못하지만, 하나님은 하실 수 있어요. 당신의 아들은 자신을 사랑하고 믿고 기도로 후원해 주는 당신을 필요로 합니다. 그러고 나서 아들을 올바른 길로 행하도록 돕기 위해 주님이 당신에게 지시하시는 일을 하세요."

나는 그녀와 함께 기도했다. 대화를 마친 후에 그녀는 마음의 평안과 힘을 많이 얻은 것 같았다. 나는 하나님이 궁극적인 부모이며, 그리고 하나님이 아들 문제를 처리하는 법에 관한 지혜를 주실 뿐만 아니라, 그 아들의 삶에 개입하여 그를 변화시키실 것이라고 격려했다. 또한 하나님은 그 아들 때문에 그들 부부가 느껴 왔던 죄책감도 없애 주실 것이었다.

우리 자신이 성년자녀를 바로잡거나 변화시킬 수는 없음을 우리 모두 이해할 필요가 있다. 어떤 사람을 지속적으로 변화시키실 수 있는 분은 하나님뿐이시다. 우리가 해야 할 일은 자녀를 하나님의 손에 맡기고 하나님의 뜻에 따라 그 자녀의 삶을 변화시켜 주실 것을 기도하는 것이다.

3. 하나님은 하실 수 있다

성년자녀의 부모 노릇하는 것은 쉽지 않다. 그것은 그들을 위해 해야 할 일과 하지 말아야 할 일을 알기가 힘들기 때문이다. 개입해야 할 때가 언제일까? 지나치게 개입한 때는 언제일까? 그들에 대한 기대가 너무 높거나 낮은 때는 언제일까? 당신의 사랑이 너무 집요하거나 충분하지 못한 때는 언제일까? 때로 당신은 올바르게 처신하고 있다고 생각하지만 사실은 그렇지 않다. 혹은 당신의 행동이 어떤 자녀에게는 올바르지만 다른 자녀에게는 그렇지 않을 수도 있다.

그런 일들에 대해 당신에게 필요한 지혜를 주실 수 있는 분은 하나님 뿐이시다. 하나님은 간구하는 자에게 주신다. 하지만 먼저 우리의 기도를 하나님이 듣고 응답하실 것임을 알고 믿어야 한다. 기도는 무엇인가를 해달라며 매달리는 것이 아니라, 하나님의 뜻이 이루어지는 것을 보기 위해 그분과 협력하는 것이다. 하나님의 뜻이 이루어지도록 기도하기 위해서는 그 뜻이 무엇인지를 온전히 이해할 필요는 없다.

또한 당신이 자녀의 삶을 변화시키지는 못하지만 하나님은 모든 것을 변화시키실 수 있음을 믿어야 한다. 하나님은 어떤 사람의 강한 의지를 억지로 꺾으시지는 않겠지만, 극히 작은 부분이라도 그분에게 마음이 열린 사람이 있다면 그 마음을 파고드실 것이다. 주님께 완전히 마음을 닫은 사람이 누군지 우리는 알 수 없다. 오직 하나님만이 아신다. 따라서 우리는 하나님의 개입을 위해 기도할 필요가 있다. 하나님의 도우심을 구하는 기도 없이는 우리의 삶이 비참해질 가능성이 많다. 두 가지 극단적인 사례들을 들어보겠다.

존스의 아들은 주야장천 문제 속에 빠져들었다. 그는 마침내 체포되었고, 존스 부부는 아들을 위해 보석 신청을 하지 않고 잠시 교도소에서 지내게 해서 정신을 차리게 하기로 결심했다. 불행하게도, 그 아들은 동료 수감자의 손에 심하게 맞아서 죽고 말았다. 그들은 낙심과 죄책감에 사로잡혔다. 그들은 좋은 부모로서 올바르게 대처하려 했으나 그 결과는 끔찍했다. 아마 그들은 아직도 그 비극적인 사건 때문에 고통스러워하고 있을 것이다.

브라운의 아들도 한동안 부모의 가슴에 슬픔을 안겨 주고 있었다. 그 아들이 체포되어 교도소에 수감되었을 때 브라운 부부도 보석 신청을 하지 않았다. 그들은 아들이 비뚤어진 행동에 따르는 결과를 뼈저리게 느끼기를 원했다. 잠시 동안의 수감 생활이 그의 삶에 중대한 전환점으로 작용했다. 하나님이 그의 눈을 열어서 그가 걷는 길의 실상을 깨닫게 해주시고, 그를 지으신 목적과 그를 위해 마련하신 앞날을 그에게 보여 주셨다. 그는 대학에 진학했고, 다시는 어리석은 행동으로 시간을 허비하지 않았다.

존스 부부와 브라운 부부 모두 자신의 행동이 성년자녀를 전격적으로 변화시키는 계기가 되기를 원했다는 점에서 올바르게 행했다. 모두 기본적으로 동일한 결정을 내렸지만, 그 결과는 정반대였다. 한 가족에게는 화를, 또 다른 가족에게는 구원을 가져다주었다. 그 차이는 무엇일까? 나는 그 차이가 '구속주의 임재 여부'라고 믿는다.

브라운 가족은 힘든 상황에서 예수님을 초청했다. 그들은 신자였고 주님이 그들의 마음을 다스리셨다. 그 아들의 상황에 성령이 개입하셨고, 그들 부부는 주께서 아들의 마음을 움직여 주시기를 친구들과 함께 간절히 기도했다. 그들은 진리의 성령을 아들에게 보내셔서 그의 삶에 어떤 일이 일어나고 있는지를 하나님의 관점에서 보게 해달라고 간구했다. 교도소에서 하나님은 그 아들의 마음을 움직이셨고, 그 결과 그는 과거에 어리석은 짓을 저질렀으나 계속 바보처럼 살 필요가 없음을 깨달았다. 그는 결단을 내렸다.

기도하는 부모의 자녀에게는 아무 문제도 닥치지 않는 것은 아니다. 그들에게도 문제가 닥치지만, 만일 부모가 기도한다면 나쁜 일들마저 합력하여 선을 이룰 것이다. 당시에는 알지 못할 수도 있으나, 하나님은 힘든 상황을 이용하여 긍정적인 방향으로 변화시키신다.

당신이 자녀를 위해 이전에 기도한 적이 없거나 기도하는 법을 배우기 전에 자녀에게 나쁜 일이 일어났더라도 염려하지 말라. 하나님은 구속주이며 구속에 능하시다. 그분은 사망과 지옥으로부터 우리를 영원히 구속하신다. 뿐만 아니라 우리가 그분의 개입을 간구할 때 그분은 우리를 현실적인 곤경으로부터도 구속해 주신다.

성년자녀를 위해 기도할 때 하나님과 관련하여 확신해야 할 것들이 있다.

❶ 하나님이 당신과 당신의 자녀를 사랑하시며, 그들을 위한 당신의 기도를 들으실 것을 믿어야 한다. "우리가 알거니와 하나님을 사랑하는 자 곧 그의 뜻대로 부르심을 입은 자들에게는 모든 것이 합력하여 선을"롬 8:28 이룸을 알 필요가 있다. 만일 당신이 하나님을 사랑하고 그분의 방식에 따라 살기를 원한다면, 당신은 그분의 목적을 위해 부르심을 입었다. 이 구절 바로 앞에서는 기도에 대해 언급한다. 우리가 기도할 때 우리의 삶에서 모든 것이 합력하여 선을 이룬다는 뜻이 이 구절에 담겨 있지 않을까?

❷ 하나님이 자녀와 관련한 모든 두려움으로부터 당신을 건져내실 수 있음을 믿어야 한다. "내가 여호와께 간구하매 내게 응답하시고 내 모든 두려움에서 나를 건지셨도다"시 34:4. 당신은 여호와께 구할 수 있고, 그분은 당신의 간구를 듣고 그 모든 두려움에서 구원하실 것이다.

❸ 하나님이 당신과 당신의 자녀에게 필요한 것을 주실 수 있음을 믿어야 한다. 듣고 응답하시는 하나님의 능력을 믿을 필요가 있다. "오직 믿음으로 구하고 조금도 의심하지 말라 의심하는 자는 마치 바람에 밀려 요동하는 바다 물결 같으니 이런 사람은 무엇이든지 주께 얻기를 생각하지 말라 두 마음을 품어 모든 일에 정함이 없는 자로다"약 1:6-8.

❹ 자녀의 문제가 아무리 클지라도 하나님이 더 크심을 믿어야 한다. 예수님은 이렇게 말씀하셨다. "무릇 사람이 할 수 없는 것을 하나님은 하실 수 있느니라"눅 18:27. "사람으로는 할 수 없으나 하나님으로서는 다 하실 수 있느니라"마 19:26. 또한 아들을 구해 달라고 간청하는 한 아버지에게 주님은 "믿는 자에게는 능히 하지 못할 일이 없느니라 하시니"막 9:23고 말씀하셨다. 하나님은 당신과 당신의 자녀도 변화시키실 수 있다. 하지만 먼저 그분이 그 상황 속으로 초청받으셔야 한다. 당신이 기도할 때에만 그런 변화가 일어난다.

❺ 하나님의 사랑과 능력으로 자녀를 위한 당신의 기도가 늘 힘을 발휘할 것임을 믿어야 한다. 당신의 기도에 능력이 있기 때문에 당신은 언제나 소망을 지닐 것이다. "소망이 우리를 부끄럽게 하지 아니함은 우리에게 주신 성령으로 말미암아 하나님의 사랑이 우리 마음에 부은 바 됨이니"룜 5:5. 성령은 하나님의 능력이시다. 하나님의 능력이 당신의 삶 속에서 작용할 때 당신은 무슨 일에서나 소망을 가질 수 있다. 당신에게 주시는 하나님의 약속 목록은 성년자녀를 위한 당신의 관심 목록보다 훨씬 더 길다.

성년자녀들은 많은 문제들에 부딪힌다. 아무리 훌륭한 자녀라도 성년이 되면 힘든 일들을 경험하기 마련이다. 당신의 자녀는 출생 직후부터 지금까지 주일학교에 다니며 신앙적인 가정교육을 꾸준히 받아왔을 수 있다. 하지만 그 자녀가 당신의 통제로부터 벗어나면 심각한 문제들에 부딪히거나, 나쁜 습관에 빠지거나, 불건전한 영향들에 노출되거나, 바람직하지 않은 친구들을 사귀거나, 잘못된 선택에 따른 결과를 경험할 수 있다. 하지만 당신이 기도할 때 하나님은 그 모든 상황을 변화시키실 수 있다. 이것이 복된 소식이다.

4. 자신에 대한 비난을 멈춰야 한다

자녀는 태어나는 시점부터 부모로 하여금 죄책감을 갖게 한다. 우리는 이렇게 생각한다. '내가 아이에게 너무 많이 먹이고 있나? 충분히 먹이지 않고 있나? 너무 많은 것을 해주고 있을까? 충분히 해주지 못하고 있는 것일까?' 아이들마다 각기 다르다는 사실은 우리의 마음을 더 복잡하게 만든다. 큰아이에게 유익했던 것이 작은아이에게는 도움이 안 될 수도 있다.

우리 큰아이 크리스는 의지력이 강했고, 겨우 일어설 무렵부터 자신이 하고 싶은 것과 하고 싶은 때를 스스로 결정하려 했다. 엄마 아빠에게 순종하는 지혜를 크리스에게 가르치느라고 몹시 힘들었다. 작은아이 아만다는 전혀 달랐다. 아만다가 무슨 잘못을 저지르면 우리는 실망스러운 눈으로 쏘아보는 것으로 충분했다. 아만다에게 심한 벌을 주는 것은 크리스를 가볍게 징계하고 넘어가는 것만큼이나 위험했다. 우리는 첫째를 너무 엄하게 다루고 둘째를 제대로 징계하지 못한 것이 아닐까 하고 늘 우려했다.

물론 우리는 실수를 범하기도 했다. 두 아이들 각자에 대해 너무 엄하거나 너무 느슨한 때도 있었다. 우리는 날마다 하나님께 지혜를 구해야 했다. 그리고 나는 반드시 했어야 하는 일들에 대해 그리고 하지 말았어야 하는 일들에 대해 죄책감을 느꼈다.

죄책감은 파괴자이다. 자녀에게 나쁜 일이 생길 때마다 부모는 죄책감에 사로잡힌다. 이는 우리가 잘 대처했더라면 그런 일을 막을 수 있었을 것이라고 생각하기 때문이다.

예를 들어, 자녀의 성적이 좋지 않으면 부모는 자신을 비난한다. 자녀가 친구와 잘 어울리지 못하면 부모는 자신 탓이라고 생각한다. 자녀가 병들거나 상처를 입으면 부모는 그것을 미리 막을 수도 있었다는 생각에 괴로워한다. 자녀가 성장하면 부모의 이런 마음은 더 심해진다. 성년자녀에게서 옳지 않은 모습을 볼 때 부모는 '우리가 무슨 잘못을 저질렀지?' 하고 생각한다. 성년자녀의 연약한 모습을 볼 때 부모는 자신을 책망하게 된다.

설령 당신이 자녀에게 부정적인 영향을 미치는 어떤 행동을 했더라도 거기에 집착하지 말아야 한다. 자녀가 어린 시절에 충분한 시간을 함께 하지 못한 것을 후회할 수도 있다. 자녀와 함께 있어야 했던 자리에 있지 못했을 수도 있다. 혹은 당신이 자녀를 위해 하지 말았어야 할 일들이나 했어야 하는 일들도 있다. 하지만 지금 그런 일들을 되돌릴 수는 없다. 당신은 그런 집착에서 벗어나야 하고, 오직 성령의 도우심으로만 그렇게 할 수 있다.

본서에서 제시하는 첫 번째 과제는 그 모든 죄책감을 털어 버리는 것이다!

자녀를 위해 효과적으로 기도하기 위해서는 잘못된 일들을 놓고 자신을 비난하지 말아야 한다. 하나님을 신뢰하라. 실수를 범했다면 주님 앞에서, 그리고 치유를 위해 필요하다면 자녀 앞에서도 자백하라. 그러면 하나님이 주시는 용서의 자유를 누릴 수 있다. "그 문제와 관련해서 지금 내가 무엇을 할 수 있을까?" 하고 스스로 물어보라. 만일 할 수 있다면 하라. 할 수 없다면 하나님께 맡기고 그분의 구원과 치유를 간구하라.

물론 이것은 당신이 주님을 알고 있을 경우에 가능한 일이다. 만일 예수님을 영접한 적이 없다면, 지금 당신의 마음속에 들어오셔서 모든 죄와 실패들을 용서하시고 성령 충만하게 해달라고 간구하라. 당신에게 죄 사함과 영생을 주시려고 십자가에서 죽으신 주님께 감사하라. 그리고 과거의 모든 실패의 영향으로부터 벗어나 그분의 방식대로 살아가도록 도와주시고, 죄책감에서 놓여 나게 해달라고 간구하라.

부모로서의 죄책감을 피할 수 있는 방법은 두 가지뿐이다. 첫째는 자녀가 태어나자마자 죽는 것이다. 둘째는 날마다 하나님과 동행하며 범사에 지혜를 구하는 것이다. 후자가 더 나은 해결책이지 않을까? 하나님과 동행할 때 그분의 인도를 받을 수 있을 뿐만 아니라 부모로서 느끼는 모든 죄책감으로부터 자유로워질 수 있다.

물론 애당초 자신을 비난하지 않는 부모들도 있다. 그들은 다른 사람을 비난하며 이런 식으로 말한다. "내 딸은 친구를 잘못 만나서 곤경에 빠졌어.", "내 아들이 게으른 건 우리 남편이 집에서 아무 일도 시키지 않았기 때문이야."

하지만 모든 것을 하나님께 맡기기보다 남을 비난한다면, 어려운 상황에서 선을 이루시는 하나님의 손길을 경험할 수 없다. 자녀가 자신의 잘못을 직시할 때 그의 인격이 성장할 것이다.

고등학교 졸업 때까지 한 번도 문제를 일으키지 않은 자녀를 둔 부모들도 있다(적어도 나는 그렇게 주장하는 사람들을 보아 왔다). 그러나 그 자녀들이 대학에 들어간 후나 첫 직장을 가진 후에 문제가 생기기 시작한다. 혹은 자녀들이 아예 직장에 들어가지 못하거나 직장 생활을 3개월 이상 버티지 못한다. 나쁜 영향을 주는 직업을 갖거나 그런 사람들을 만나는 것도 보았다. 문제투성이인 사람과 결혼하여 결혼생활에 어려움을 겪기도 한다. 혹은 겉으로는 근사해 보이나 성숙함과 지혜와 판단력이 부족한 사람과 결혼해서 여러 문제들에 부딪히기도 한다.

어떤 자녀는 완벽에 가까운 삶을 살아가다가 부정적인 영향을 미치는 사람을 만난 이후로 내리막길로 치닫기도 한다. 또는 이런저런 이유로 큰 빚을 져서 부모에게 경제적인 짐을 지우기도 하며, 어리석은 짓을 저질러서 부모에게 보석금 부담을 안기기도 한다.

그 반대의 경우도 있다. 어떤 자녀는 유치원, 초등학교, 중학교, 고등학교 과정을 힘들게 마쳤다. 하지만 그는 성공적이고 멋진 성년으로 변했다. 그런 변화가 일어나기까지 그의 그리스도인 부모는 자녀의 모든 문제들에 대해 자신을 질책했다.

당신이 자녀를 경건한 사람이 되도록 양육했어도 자녀가 기대에 어긋나는 삶을 사는 경우도 있다. 혹은 당신이 자녀에게 하나님을 신뢰하도록 가르치지 않았고, 그래서 경건한 선택을 하지 않는 자녀로 인해 지금에서야 후회할지도 모른다. 설상가상으로 배우자가 당신을 비난함으로써 죄책감을 가중시킬 수도 있다. 이것은 당신의 어깨로 짊어지기에는 너무 힘든 짐이다. 이미 일어난 일들로 인해 자신을 질책하지 않도록 하나님께 도움을 구하라.

이렇게 기도하라. "주님, 이미 일어난 일에 대해 저는 아무것도 할 수 없습니다. 제가 자녀를 위한 기도를 통해 위대한 일을 할 수 있도록 도와주소서. 자녀의 그릇된 모습을 보고 저 자신을 비난하지 않도록 도와주소서. 저의 실망감을 없애 주소서."

낙심이 실패를 의미하지는 않음을 기억하라. 낙심은 당신이 하나님 아버지의 격려를 받을 수 있도록 그분과 더 많은 시간을 보낼 필요가 있음을 나타내는 신호이다.

5. 용서해야 한다

자신도 모르는 사이 마음의 은밀한 구석에 용서하지 않으려는 증오심이 살며시 기어들 수도 있다. 마음속에 있는 증오심을, 특히 가족을 향한 증오심을 드러내어 주실 것을 하나님께 정기적으로 간구해야 하는 것도 바로 그 때문이다.

성령 충만하려면 우리 속에 용서가 먼저 흘러야 한다. 성경은 이르기를 "내가 나의 마음에 죄악을 품었더라면 주께서 듣지 아니하시리라"시 66:18고 한다. 우리가 종종 마음속에 품는 가장 큰 죄악 중 하나는 용서하지 않는 마음이다. 용서하지 않는 마음은 너무나 빠져들기 쉽다. 심지어 우리는 자신을 속이고 그런 마음이 없는 체할 수 있다. 그러나 하나님은 언제나 마음을 보고 계시며 그런 마음을 싫어하신다. 그분은 우리가 그 마음을 제거하기를 원하시며, 때로는 그렇게 하기까지 기도 응답을 미루신다.

물론 우리는 모든 사람을 용서할 필요가 있다. 그러나 여기서는 성년 자녀에 대해 말하고 있으므로, 이와 관련하여 당신이 점검해야 할 짤막하지만 중요한 목록을 아래에 제시했다. 당신을 괴롭히려는 것이 아니다. 다만 나는 당신이 자유로워져서 기도의 능력을 체험하기를 바랄 뿐이다. 아래에 열거된 사람들과 상황들을 용서할 것을 자신에게 상기시키라. 필요하다면 자신의 메모를 작성하라.

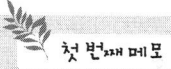

첫 번째 메모

내게 상처를 주고 실망시키고 화나게 했던
모든 행동에 대해 자녀를 용서하라.

자녀를 용서하고 싶지 않는 마음이 생겼는지 보여 주실 것을 하나님께 간구하라. 사위나 며느리에 대해서도 마찬가지다. 관계 개선을 위해서는 이렇게 하는 것이 매우 중요하다. 만일 그들이 무책임, 무관심, 무례함, 무분별, 경솔함, 당신에게 상처를 주는 어떤 모습을 보였다면 그 감정을 주께 고하라. 쉽지 않을 것이다. 왜냐하면 부모는 자녀에 대해 악감정 따위를 품는 사람이 아니라고 생각하는 경향이 있기 때문이다. 다른 사람들에게서 그런 모습을 보면 우리는 그것을 좋아하지 않는다. 또한 자신 속에 그런 악감정이 있음을 인정하고 싶지 않은 것은 물론이다. 하지만 우리의 마음속에서도 그런 감정들이 가끔 발견된다.

기대에 어긋나게 살아가는 성년자녀를 볼 때 생길 수 있는 실망감 역시 포착하기 쉽지 않다. 그 기대가 너무 비현실적인 경우에도 실망하게 된다. 이런 모든 실망감을 주님 앞에 내려놓아야만 자신을 실망시킨 성년자녀를 온전히 용서할 수 있다.

자녀가 무슨 잘못을 저질렀든, 당신이 그 자녀를 용서하지 않으면 방심하는 순간 분노를 표출할 수 있다. 또한 당신은 특정한 일에 대해 용서한다는 사실을 성년자녀에게 말해 줄 필요도 있다. 하지만 이 경우 하나님께 지혜를 구하라. 그들은 당신의 심기가 불편함을 모르고 있을 수도 있다. 따라서 꼭 필요한 경우가 아니라면 그 사실을 이제 와서 굳이 알게 하는 것은 좋지 않다.

"그런 바보짓을 해서 우리 가족에게 먹칠을 했던 너를 용서하마."라고 하지 말고 이렇게 말하라. "네가 저지른 잘못을 나도 저질렀던 적이 있어. 내가 너를 용서하지 않는 식으로 행동했다면 미안해. 나를 용서해 다오. 과거에 저지른 너의 모든 잘못을 용서한다는 점을 네가 알기를 바란다. 나의 잘못들도 용서해 다오."

해야 할 말을 알려 주실 것을 하나님께 간구하라. 그분은 완벽한 타이밍을 아시며, 적절한 말을 알려 주실 수 있다. 만일 당신이 그분께 간구한다면 그분은 성년자녀의 마음도 열어 주실 것이다.

만일 당신이 며느리나 사위를 용서하지 않고 있다면 그들에게 얘기하기 전에 먼저 하나님께 고하라. 주님께 올바른 마음을 지니라. 며느리나 사위와의 관계는 매우 민감하고 소중한 것이다. 심각한 오해의 여지가 있을 수도 있다. 당신이 먼저 자백하라. 예를 들어 "내가 했던 말에 대해 용서를 구하고 싶어."라고 말하라.

자녀를 용서하는 것은 관련된 모든 사람들을 위해 매우 중요하다. 하나님의 도우심을 구하라. 당신이 보지 못하고 있는 것을 보여 주실 것을 하나님께 간구하라. 만일 자녀가 당신에게 용서를 구해야 한다는 생각이 들면, 그렇게 할 수 있게 해달라고 기도하라. 하지만 기다리기만 하지는 말라. 당신은 할 수 있는 일을 시작하고, 그들의 마음도 움직여

지기를 기도해야 한다.

두 번째 메모

사돈을 용서하라.

우리 중 대부분은 사돈의 어떤 부분이 변했으면 하고 바란다. 그것은 당신의 자녀에게 부정적인 영향을 준 부분일 수 있다. 성년자녀에게서 배우자의 약점이나 성격적 결함을 볼 경우에는 배우자를 용서하도록 도와주실 것을 하나님께 간구하라. 당신이 자유로워질 수 있도록 마음을 깨끗하게 해주실 것을 간구하라. 지난 일은 이미 지난 일이다. 이제 깨끗한 마음으로 성년자녀를 위해 기도하기 위해서 자유로워질 필요가 있다. 나는 항상 이렇게 말해 왔다. "누군가를 용서하는 것은 다른 사람을 올바르게 만들기 위함이 아니다. 그것은 당신 자신을 자유롭게 하는 것이다." 당신은 자유로워져야 한다.

만일 당신이 사위나 며느리를 위해 기도하고 있다면 사돈에 대해 용서하는 마음을 갖게 해달라고 하나님께 간구하라. 그들에게서 무슨 잘못이 보이면 그들을 질책하기 쉽고, 마음속에 화가 치밀어 오를 수 있다. 과거에 무슨 일이 있었더라도 이제 마음을 풀 때이다. 용서하지 않음으로 인한 결과들을 계속 놔두기에는 너무 심각하다.

용서하지 않는 마음 역시 알아차리기 쉽지 않다. 만일 그런 감정이 오랫동안 지속되었다면 그것은 당신의 일부로 자리잡아서 감지조차 되지 않을 수 있다. 그 감정을 보여 주실 것을 하나님께 간구해야 하는 것도 바로 그 때문이다. 이렇게 간구하라. 신속한 기도 응답에 당신은 놀라게 될 것이다.

"주님, 사돈에 대한 분노와 용서하지 않는 마음이 제 속에 있는지 보여 주소서."

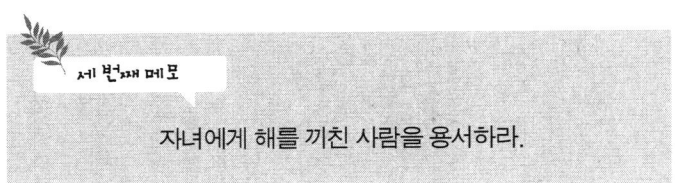

세 번째 메모

자녀에게 해를 끼친 사람을 용서하라.

도리를 벗어난 행동으로 내 아들에게 창피를 주었던 한 코치를 기억한다. 그 기억은 나와 아들 모두에게 상처를 입혔다. 하지만 나는 그것을 잊기 위해 여러 차례 주님께 간구해야 했다. 몇 년이 지나 아들이 성년이 되었을 때 나는 그 상처에 대해 다시 기도해야 했다. 왜냐하면 그 사건의 직접적인 결과로 짐작되는 것들을 아들에게서 보았기 때문이다. 나는 이렇게 기도했다.

"주님, 그 상처의 기억이 여전히 저를 괴롭힘을 고백합니다. 그것은 아들을 괴롭혀 온 상처로 남아 있는 것 같습니다. 저는 그 상처를 더 이상 지니고 싶지 않고, 아들도 그것을 더 이상 지니지 않기를 바랍니다. 상처 주는 말을 했던 그를 용서합니다. 그 사람에 대한 제 태도를 변화시켜 주소서. 무엇보다도 아들의 마음을 치유하셔서 그 사람을 완전히 용서하게 하소서."

자녀에게 일어났던 과거 일이 떠올라서 지금도 당신을 부정적인 감정에 빠지게 하는 것이 있는지 보여 주실 것을 하나님께 간구하라. 그 감정을 치유해야 한다. 그것이 당신의 마음을 어지럽히고 기도를 방해할 수 있기 때문이다.

네 번째 메모

부모로서 미흡했던 과거 일에 대해 자신을 용서하라.

자녀 양육과 관련하여 당신이 후회하는 부분이 있는지 보여 주실 것을 하나님께 간구하라. 여전히 자책하는 일들이 있거나, 과거에 했던 말이나 행동에 대해 몹시 아쉬움을 느낀다면 그것을 주님 앞에 고하라. 용서해 주실 것을 그리고 자신을 용서하도록 도와주실 것을 주님께 간구하라.

성년자녀를 위해 기도하는 부모로서 새로 시작할 수 있도록 정결한 마음을 갖기를 원한다고 아뢰라. 이 점에서 자유로워지지 않으면 영혼의 대적이 그것을 이용하여 당신을 늘 괴롭힐 것이다.

만일 당신이 잘못을 저질렀다면 하나님의 구속을 간구하라. 비록 당신이 하나님과 동행하고 그분의 방식대로 살려고 노력했지만 자녀 양육에 있어 잘못된 점을 느낀다면 지금 그 부분을 하나님 앞에 고하라. 죄책감에 짓눌려 삶을 허비하지 말라. 이렇게 아뢰라.

"주님, 제가 부모로서 이미 했거나 하지 않은 어떤 일들에 대해 후회와 죄책감을 느낍니다(생각나는 것들을 구체적으로 고백하라). 지난 일을 되돌아보지 않고 주님과 함께 앞으로 나아가도록 도와주소서."

자녀에게 사과할 수 있게 해주실 것도 하나님께 간구하라. 당신과 마찬가지로 자녀도 용서를 구하는 말을 들을 필요가 있다. 그들도 그 말을 듣고 자유로워질 수 있다. 그들이 어떤 일로 당신을 용서할 필요가 있다면 그렇게 하기 전까지는 앞으로 나아가지 못하고 현 상태에 머물러 있을 것이다.

일단 모든 것을 자백하고 당신의 마음이 주님 앞에서 깨끗해졌다면 이후에 느끼는 모든 죄책감은 영혼의 대적에게서 비롯되는 것임을 기억하라.

이 같은 간략한 메모들은 너무도 중요하다. 용서의 이 네 가지 영역들 중 어느 하나도 무시하지 말라. 이들 각각이 기도 응답을 방해할 수 있기 때문이다.

6. 완벽한 부모는 하나님뿐이시다

솔직히 말해서 완벽한 부모는 없다. 세상의 그 누구도 완벽하지 않기 때문이다. 완벽한 부모는 오직 한 분이며, 그분은 바로 우리의 하나님 아버지시다.

우리는 그분의 성년자녀이다. 우리를 기르면서 그분이 얼마나 많은 어려움을 겪어 오셨는지 당신은 알고 있을 것이다. 하지만 그분은 우리가 정신을 차리고 그분의 뜻을 따르기를 늘 기다리고 계신다. 하나님은 가장 좋은 부모이시며, 우리가 가장 좋은 부모가 되도록 도와줄 수 있는 유일한 분이다. 우리는 그분께 배워야 한다.

성경은 "마땅히 행할 길을 아이에게 가르치라 그리하면 늙어도 그것을 떠나지 아니하리라"잠 22:6고 한다. 자녀를 어릴 적부터 하나님의 방식대로 훈련했던 사람들에게 이것은 귀한 소식이다. 하지만 지금까지 주님이나 주님의 방식을 몰랐고 그래서 현재 성년자녀가 하나님의 방식을 따르지 않고 있는 부모들은 어떻게 해야 할까? 마땅히 해야 할 일을 이전에는 몰랐으나 이제 알고 있는 부모들은 잃어버린 시간을 보충할 기회를 얻을 수 있을까?

주님을 의지하는 부모에게는 너무 늦은 일이란 없다. 왜냐하면 하나님은 구속주이시며 우리의 기도에, 특히 성년자녀를 위한 기도에 응답하시는 그분의 놀라운 구속에는 너무 늦었다는 말이 해당하지 않기 때문이다.

만일 초기 양육 시기에 당신이 하나님과 동행하지 않았고 이제 당신의 자녀가 성년이라면, 하나님 앞에 나아가서 그 사실을 자백하라.

"주님, 제가 자녀를 기르면서 주님을 몰랐음을, 주님의 방식대로 살지 않았음을 그리고 주님을 찾지 않았음을 고백합니다. 저의 잘못들을 용서해주소서. 지금이라도 주님의 방식대로 살아감으로써 보충하도록 도와주소서. 자녀를 위해 기도하는 법을 알려 주소서."

하나님이 우리가 가르치지 않았던 것들을 우리의 기도와 하나님의 사랑과 자비를 통해 자녀에게 가르치실 수 있음을 나는 확신한다.

이 사실을 언급하는 성경 말씀을 본서의 맨 앞에 수록한 것도 바로 그 때문이다. 이 구절에서 하나님은 이사야 선지자를 통해 자신의 백성에게 소망의 말씀과 회복의 약속을 베푸신다. 하나님은 "다시는 노아의 홍수로 땅 위에 범람하지 못하게 하리라"고 하신 약속만큼이나 확실하게 말씀하시며, "산들이 떠나며 언덕들은 옮겨질지라도 나의 자비는 네게서 떠나지 아니하며 나의 화평의 언약은 흔들리지 아니하리라"고 약속하신다사 54:9-10. 그분은 이런 약속들을 가리켜 "여호와의 종들의 기업"17절이라고 말씀하신다.

이 약속들 중에 모든 부모의 마음에 새겨져야 할 것이 있다. "네 모든 자녀는 여호와의 교훈을 받을 것이니 네 자녀에게는 큰 평안이 있을 것이며"13절.

이는 하나님의 모든 백성을 위한 위대한 약속이다.

지금도 우리는 "노아의 홍수로 땅 위에 범람하지 못하게 하리라"는 약속의 혜택을 받고 있다. 또한 하나님은 우리의 자녀를 가르치실 것이라는 약속이 노아 홍수 관련 약속처럼 확실하다고 말씀하신다. 하지만 하나님의 약속이 자동적으로 우리에게 이루어지는 것은 아니다. 우리는 기도해야 한다. 하나님의 약속을 이해함에 따라 그 약속의 실현에 대한 믿음이 더해지게 해달라고 기도하라.

우리가 나름대로 최선을 다해 자녀를 양육했더라도 완벽한 부모이지는 않다. 따라서 우리는 친히 가르치시는 주님께 자녀를 맡겨야 한다. 그럴 때 자녀는 우리에게서 배우지 않은 것을 배울 수 있으며, 우리의 좋지 않은 가르침을 걸러낼 수 있다.

배우자와 다툰 모습을 자주 보여 자녀에게 싸움을 가르치지는 않았는가? 어른이 되면 너무 바빠서 자녀와 함께하기 힘들다고 가르쳐서 자녀 역시 그들의 자녀와 함께하는 시간을 갖지 못하게 하는 것은 아닌가? 자녀가 원하는 것을 무엇이든 쉽게 갖게 함으로써 열심히 일할 필요가 없다는 생각을 가르치지는 않았는가? 교회에 나갈 필요가 없다는 식의 삶을 자녀에게 가르치지는 않았는가? 자녀 교육에 있어 불완전한 부분이 무엇이든, 하나님은 그 모든 것을 구속하시며 그들에게 필요한 것을 지금 가르치실 수 있다. 우리는 그렇게 되도록 기도해야 한다.

7. 기도했다고 전심으로 말할 수 있어야 한다

자녀를 얻지 못했던 한나는 "마음이 괴로워서 여호와께 기도하고 통곡"삼상 1:10했다. 그때 그녀는 하나님의 은혜로 아들을 얻는다면 그 아들의 일평생을 주님께 바칠 것이라며 서원했다. 주님은 그 기도를 들으셨고, 이듬해에 한나는 아들을 낳았다.

그 아이가 세 살쯤 되었을 때, 한나는 아이를 성전에 데려가 약속대로 주님께 드리면서 제사장에게 이렇게 말했다. "이 아이를 위하여 내가 기도하였더니 내가 구하여 기도한 바를 여호와께서 내게 허락하신지라 그러므로 나도 그를 여호와께 드리되 그의 평생을 여호와께 드리나이다"삼상 1:27-28. 그런 후에 하나님께 경배했다. 본서를 읽으면서 이 성경 말씀을 늘 기억하기를 바란다.

한나 이야기는 부모의 간절하고 지속적인 기도를 보여 주는 가장 귀한 사례 중 하나이다. 성경 말씀이나 생활 속에서 내가 보고 깨달은 바에 의하면, 기도가 간절할수록 그 기도를 통해 하나님이 이루시는 일들은 더욱더 놀라웠다. 자녀를 위해 기도할 때 낙심할 필요가 없는 것도 바로 그 때문이다. 한나가 간절하고 긴 기도를 드린 결과 사무엘을 낳았고, 그는 이스라엘 역사상 가장 크고 강력한 영향을 끼친 인물이 되었다.

자녀를 위한 당신의 간절한 기도가 얼마나 놀랍고 큰 결과를 가져올지 당신은 결코 알지 못한다. 그러나 먼저 한나처럼 기도하고 자녀를 주님의 손에 맡겨야 한다. 자녀를 주께 맡긴 부모에 관한 사례들이 성경의 신구약 전반에 걸쳐 소개된다. 자녀를 주님께 가능한 한 빨리 맡기는 것이 중요하다. 자신의 자녀가 여호와의 소유임을 모든 사람들에게 분명히 밝혀야 한다.

전에 그렇게 한 적이 없다면 지금 그렇게 할 수 있다. 이렇게 고하라.

"주님, 제 **자녀를 주님께 맡깁니다**(이름을 구체적으로 언급하라). 주의 영광을 위해 자녀를 주께 바칩니다. 주의 말씀을 통해 저는 이렇게 하는 것을 일찍 실행할수록 좋음을 배웠습니다. 옳은 일을 하기에 결코 너무 늦은 시간이란 없다는 **사실**도 배웁니다. 이제 저의 **자녀를 주의 손에 맡깁니다.**"

자녀를 이미 하나님께 바쳤다면 이렇게 고하라.

"주님, 저는 제 자녀를 주께 다시 바칩니다(이름을 구체적으로 언급하라). 이 자녀가 일생 동안 주를 섬기며 모든 면에서 주께 영광 돌리기를 기도합니다. 이 자녀가 사는 동안 주의 보살피시는 눈길 아래에 있기를 기도합니다. 자녀를 주의 손에 다시 맡깁니다."

그러고나서 한나처럼 하나님께 경배하라. 그리고 당신이나 자녀가 지금 대면하거나 장래에 대면할 그 어떤 존재보다 더 위대하신 그분께 영광을 돌리라. 하나님이 자녀에게 주신 모든 선물들로 인해 그분께 감사하라. 당신의 기도를 통해 자녀의 삶 속에 하나님이 이루실 놀라운 일들로 인해 그분을 찬양하라.

성년자녀에 대해 평안해질 수 있는 유일한 방법은 자녀를 위해 기도하는 것이다. 한나처럼 "이 아이를 위하여 내가 기도하였더니"27절라고 말할 수 있을 때 자녀를 위해 할 수 있는 가장 큰일을 행했음을 알게 될 것이다. "내가 구하여 기도한 바를 여호와께서 내게 허락하신지라" 하고 말할 수 있을 때 영혼의 기쁨을 느낄 것이다. 또한 성년자녀를 가장 위대한 부모이신 주께 맡겼음을 알 때 평안을 얻게 될 것이다.

부모 역할이 결코 끝나지 않는다는 사실에 심한 부담감을 가질 필요는 없다. 양육하는 것은 보람 있는 일이다. 자녀를 기도로 도우며 어떤 방식으로든 그들을 향한 사랑과 지원을 계속할 수 있다. 이런 식으로 주님을 섬기는 것은 특권이다. 이 일을 통해 당신은 하나님의 귀한 자녀들이 길을 잃거나 축복에서 끊어지거나 멸망당하지 않도록 하나님과 협력하는 셈이다. 그들의 나이에 상관없이 이것은 사실이다. 60대와

70대의 자녀를 위해 기도하는 80대와 90대의 부모들을 나는 알고 있다. 자녀 양육은 결코 끝나지 않는다.

설령 자녀가 하나님이 정하신 길을 이탈했을지라도, 혹은 올바른 길에 들어선 적이 아예 없을지라도 당신의 기도가 자녀로 하여금 하나님의 음성을 듣고 지혜로운 선택을 할 수 있도록 도와줄 수 있다. 하나님이 자녀의 의지를 내버려 두시는 동안에도 당신의 기도는 여전히 자녀의 삶에 강력한 영향을 미친다. 당신의 기도는 열려야 할 문을 열고, 닫혀야 할 문을 닫을 수 있다.

만일 성년자녀를 위한 기도를 방금 시작했다면 배를 돌려 새로운 방향으로 향하게 하기까지는 시간이 걸린다. 어떤 일이 일어나든 기도를 계속하고 포기하지 말라. 인간의 지혜에서 비롯된 행동의 결과는 보장되지 않지만 기도와 하나님의 의지는 확실한 결과를 보장한다. 만일 당신이 해결될 수 없는 문제에 빠진 듯한 성년자녀를 위해 기도하고 있다면, 이는 기적을 증언할 기회를 맞은 셈이다.

우리는 더 이상 성년자녀를 통제하지 못한다. 우리가 원하는 일을 그들로 하여금 억지로 하게 하지 못한다. 그러나 기도를 통해 우리는 자녀들이 하나님의 말씀을 듣고 그분의 뜻대로 인도될 수 있도록 도울 수 있다. 기도를 통해 우리는 대적의 덫과 삶의 함정들을 피하도록 도울 수 있다.

그들에게서 모든 문제가 사라지도록 기도하려는 것은 아니다. 그렇게 할 수도 있지만 그럴 경우에는 그들이 성장하지도, 필요한 교훈을 배우지도 못할 것이다. 우리는 자녀들이 올바른 길로 행하며 그래서 지음 받은 목적에 합당한 존재로 성장하도록 도울 수 있다.

성년자녀를 위해 기도해야 할 사항들을 언제나 상세히 아는 것은 아니다. 왜냐하면 종종 그들은 자신이 원하는 만큼만 우리에게 알려 주기 때문이다. 자녀들을 위해 기도해야 할 구체적인 내용을 알 때에는 최선을 다해 기도해야 한다. 한편 구체적인 내용을 모를 경우에도 성년자녀를 위해 매일 기도할 수 있는 방법이 있다. 그것은 하나님이 정하신 올바른 길로 행하도록 기도하는 것이다.

다음 2부에서는 성년자녀를 위한 축복기도 14가지 기도 방법들을 소개한다. 그들의 삶이 완벽하든, 잘못된 방향으로 가고 있든, 이들 둘 사이에 어정쩡하게 놓여 있든 당신의 기도는 그들을 지켜 주고 올바른 방향으로 나아가게 할 것이며, 그 과정에서 당신을 평안하게 해줄 것이다. 처음 1-4장은 나머지를 위한 중요한 기초이다. 5-14장은 당신의 관심사 순서로 읽어도 된다.

그 누구도 당신의 성년자녀를 위해 당신만큼 마음의 부담을 심하게 느끼지는 않는다. 그러므로 그들을 위한 당신의 기도는 다른 누구의 기도보다 더 간절할 것이다.

능·력·의·기·도 The Power of Praying for Your Adult Children

주여, 자녀를 위해 중보 기도하는 법을 가르쳐 주소서. 저와 자녀를 사랑하시며 자녀를 위한 기도를 들으시는 주께 감사드립니다. 자녀에 대한 염려와 근심에서 벗어나 평안을 얻을 수 있기를 원합니다. 주님은 그들 앞에 놓이는 어떤 어려움보다 더 크신 분임을 알고 있습니다. 주의 사랑과 능력을 제게 부어 주심으로 자녀를 위한 저의 기도에 힘이 있게 하시는 주께 감사드립니다.

자녀의 삶이 빗나갈 때 저 자신을 비난하지 않도록 도와주소서. 제가 잘못한 부분에 대해서 주께 자백하오니 그 모든 허물을 구속하여 죄책감에서 벗어나게 해주소서. 그리고 아픔과 실망을 안겨 준 자녀를 용서하도록 도와주소서. 사돈의 허물 또한 용서하도록 도와주소서. 어떤 식으로든 자녀에게 해를 입힌 모든 사람들도 용서하기를 원합니다. 완벽한 부모의 모습을 보여 주지 못했던 부분에 대해 저 자신을 용서하도록 도와주소서.

주여, 저는 완벽한 부모는 오직 주님뿐이라고 믿습니다. 제가 저의 자녀를 사랑하듯이 주님도 그들을 사랑해 주시니 감사합니다. 그리고 그들을 위한 저의 기도를 들어주시니 감사합니다. 확신하는 믿음과 응답을 기다리는 인내심을 주소서. 오늘 저는 "이 아이를 위하여 내가 기도하였더니 내가 구하여 기도한 바를 여호와께서 내게 허락하신지라" 삼상 1:27고 고백합니다. 주께 모든 영광과 찬양을 드립니다.

예수님의 이름으로 기도합니다. 아멘.

"그를 향하여 우리가 가진 바 담대함이 이것이니 그의 뜻대로 무엇을 구하면 들으심이라 우리가 무엇이든지 구하는 바를 들으시는 줄을 안즉 우리가 그에게 구한 그것을 얻은 줄을 또한 아느니라" 요일 5:14-15.

"나의 영혼아 잠잠히 하나님만 바라라 무릇 나의 소망이 그로부터 나오는도다" 시 62:5.

"구하라 그리하면 너희에게 주실 것이요 찾으라 그리하면 찾아낼 것이요 문을 두드리라 그리하면 너희에게 열릴 것이니 구하는 이마다 받을 것이요 찾는 이는 찾아낼 것이요 두드리는 이에게는 열릴 것이니라" 마 7:7-8.

"우리 가운데서 역사하시는 능력대로 우리가 구하거나 생각하는 모든 것에 더 넘치도록 능히 하실 이에게 교회 안에서와 그리스도 예수 안에서 영광이 대대로 영원무궁하기를 원하노라 아멘" 엡 3:20-21.

"기도를 계속하고 기도에 감사함으로 깨어 있으라" 골 4:2.

*The Power of Praying
    for Your Adult Children*

2부

성년자녀를 위한
기도 14가지

부 모 의 기 도 로 성 년 자 녀 를 듣 는 다

by Stormie Omartian
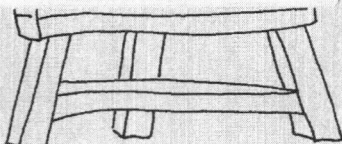

1장
성령의 임재를 체험하도록 기도하라

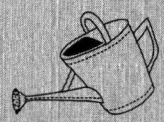

The Power of Praying for Your Adult Children

일단 성년자녀를 하나님의 손에 맡기고 그들의 삶을 그 분께 바쳤다면, 기도 시작을 위해 가장 중요하고도 우선적인 방법은 '성령의 임재를 하나님께 간구하는 것'이다. 이것은 다른 어떤 구체적인 기도보다 더 중요하다. 만일 성령의 흐름에 따르지 않고 있다면 당신은 그 흐름을 역행하게 될 것이다.

우리는 매일 하나님의 성령이 올바른 곳으로 우리를 인도해 주시기를 원한다. 그분이 우리의 눈을 열어 진리를 보게 하시며, 귀를 열어 그분의 음성을 듣게 하시기를 원한다. 성령으로 충만해져서 그분을 위한 삶을 살며, 그분이 원하시는 방향으로 나아갈 수 있기를 원한다. 우리가 성년자녀를 위해 원하는 것도 바로 이것이다.

성년자녀가 스스로 성령의 임재를 간구하는 것이 가장 이상적이다.

그러나 현실적으로는 그렇게 하려는 생각조차 하지 않거나 성령 임재의 의미나 필요성을 이해하지도 못하는 젊은이들이 많다. 우리의 성년 자녀가 본서에 제시된 것들을 스스로 간구한다면 바람직할 것이다. 하지만 그들이 그렇게 하든지 하지 않든지, 그들은 여전히 우리의 기도 후원을 필요로 한다.

성령의 임재를 환영하도록 기도하라

하나님의 백성에게 선언된 영광스러운 약속이 요엘서에 수록되어 있고욜 2:28, 나중에 신약성경에서 베드로에 의해 인용되었다.

> "하나님이 말씀하시기를 말세에 내가 내 영을 모든 육체에 부어 주리니 너희의 자녀들은 예언할 것이요 너희의 젊은이들은 환상을 보고 너희의 늙은 이들은 꿈을 꾸리라" 행 2:17.

우리는 하나님이 말씀하시는 말세에 살고 있다. 말세라고 믿지 않는 다면 성경을 읽고 한 주 동안 TV를 보라. 도처에서 말세의 표지들이 보일 것이다. "너희의 자녀들은 예언할 것"이라는 약속은, 성령이 임하실 때 그들이 하나님의 음성을 들을 수 있음을 뜻한다. 그들의 마음속에 하나님 말씀이 떠오르고, 그 말씀이 그들의 삶을 움직일 것이다. 그리고 그 과정에서 하나님이 영광을 받으실 것이다.

성년자녀가 하나님의 말씀을 들을 수 있을 때 그들은 하나님이 그들을 어디로 인도하고 계시는지 알 것이며, 그분이 얼마나 그들의 섬김을 받기를 원하시는지 깨달을 것이다. 그들이 구체적인 것들을 모를 수도 있지만 방향은 알 것이다.

젊은이들이 하나님의 말씀을 한마디도 마음으로 듣지 않아서 삶의 방향을 파악하지 못하는 경우가 종종 있다. 그래서 목적의식이나 소명을 느끼지 못하고 살아간다. 하지만 성령이 그들에게 임하시면 그들은 방향을 감지할 수 있고, 하나님이 그들을 올바른 길로 안전하게 인도하신다.

고등학교 졸업 후에 여러 해 동안 아무 일도 하지 않는 성년자녀를 둔 그리스도인 부모들을 나는 너무나 많이 알고 있다. 그 자녀들은 대학이나 직업학교로 진학하기를 거부하며 직장을 구하지 못하거나 구하려 하지 않았다. 부모들은 기도하거나 타이르거나 애원도 해보았지만 아무 소용이 없었다. 어느 날 한 부모가 성령의 부으심을 위해 기도했다. 그런데 그 후에 그들의 성년자녀가 가출해 버렸다.

이 경우에 대해 당신은 '그 부모는 게으른 성년자녀를 쫓아내는 게 더 낫지 않았을까?'라고 생각할지도 모르겠다. 하지만 그것은 말처럼 쉬운 일이 아니다. 그들을 쫓아내면 그들은 많은 어려움에 처할 수 있고, 두려움과 절망감으로 인해 악한 영향을 더 쉽게 받을 수 있다. 이에 대해 당신은 하나님의 마음을 지니고, 성년자녀를 쫓아내는 것이 하나님의 뜻인지를 확신해야 한다. 분노와 같은 인간적인 감정에 이끌려 그런 결정을 내려서는 안 된다.

내가 아는 어떤 부모는 성년자녀의 유익을 위해 그를 내쫓았지만 그 결과는 끔찍했다. 그 자녀가 심각한 악영향을 주는 환경에 빠져들었기 때문이다.

자녀를 위해 우리보다 하나님이 훨씬 더 많은 일을 하실 수 있음을 명심해야 한다. 그리고 우리는 성령의 능력으로 그들의 심령에 말씀하시기를 하나님께 간구해야 한다. 그들은 어디로 가며 무엇을 할 것인지에 대해 결정하는 것, 함께 지낼 사람을 정하는 것 등 삶의 모든 면에 대해 하나님의 음성을 들을 수 있어야 한다.

자녀들이 마음 문을 열거나 열지 않는 것이 당신의 기도에 영향을 미쳐서는 안 된다. 하나님의 일들에 대한 자녀의 태도가 어떠하든 상관없이 당신은 기도할 필요가 있다. 당신이 할 일은 기도이며, 응답은 하나님의 일이다.

자녀를 하나님의 손에 맡겼음을 기억하라. 이는 당신이 자녀를 포기했다는 뜻이 아니다. 당신은 "주님이 그를 맡으셨습니다. 저는 더 이상 신경 쓰지 않겠습니다."라고 말하는 것이 아니다. 다만 당신이 성년자녀를 위해 혼자 짊어져 왔던 짐을 주님께 맡김을 뜻한다. 이제 당신의 짐은 '기도'이다.

성령의 능력을 이해하도록 기도하라

나는 부모의 기도에 관한 책을 15여 년 전에 썼고, 이 책은 나를 포함하여 여러 사람들에게 도움을 주었다. 나는 자녀의 삶 속에서 기도 응답을 무수히 경험했다. 그리고 놀라운 기도 응답을 체험했다고 말하는 많은 독자들의 얘기도 들었다.

어린 자녀를 위해 기도를 시작했던 우리가 성년으로 자라가는 자녀를 보아 왔다. 또한 우리는 매일같이 더 나쁜 쪽으로 변하는 세상을 보아 왔다.

이제 성년자녀를 위해 기도함에 있어 새 전략을 짜야 한다. 그들의 삶 속에 성령이 임재하시기를 구하는 기도는 이 악한 영향을 주는 문화로부터 지켜 주는 강력한 방패가 될 것이다. 하나님의 능력 없이는 그들은 세상 문화를 헤쳐 나갈 수 없다.

자녀들이 오늘날의 문화 환경의 파괴적이고 강력한 힘에 대항할 정도로 충분히 강해지지 않으면 그것에 삼켜질 것이다. 그것은 너무나 위협적이므로 자녀들 스스로 그것에 대항하여 이기기는 어렵다. 그들은 성령의 능력을 필요로 하며, 그분의 강력한 도우심을 깨닫도록 돕는 우리의 기도를 필요로 한다.

우리는 성년자녀에게 성령이 임하게 해주실 것을 하나님께 공손히 간구해야 할 뿐만 아니라, 무릎을 꿇고 간절히 부르짖기도 해야 한다.

진리의 성령의 영향을 받도록 기도하라

성령은 진리의 영이시다 요 16:13. 우리의 삶에서 그리고 자녀의 삶에서 진리의 영이 역사하셔야 한다. 진리의 영은 진리를 밝히며 거짓을 드러내실 것이다.

본서에서 내 자녀에 관해서는 의도적으로 많이 얘기하지 않으련다.

그들에 대한 이야깃거리가 없어서가 아니다. 나는 언젠가는 그들이 자신의 이야기를 통해 하나님께 영광 돌리기를 바란다.

그들의 선택에 대해 지적해야만 했던 때가 있었다. 한때 그들은 나쁜 영향으로 탈선했었다. 나는 외부적인 나쁜 영향을 비난하는 것이 아니다. 왜냐하면 그들 각자의 마음속에 잘못된 길로 향하게 했던 그 무엇이 분명히 들어 있었기 때문이다.

그런 일이 일어났을 때 그들의 나이와 그들에게 직면한 문제는 각기 달랐다. 하지만 두 경우 모두에서 그들의 심령에 올바르지 못한 그 무엇이 이미 자리 잡고 있음을 나는 감지했다.

부모는 자녀의 눈을 들여다보고 그 심령 속에 성령이 계신지, 아니면 성령의 임재를 방해하는 다른 무엇이 들어 있는지 알 수 있다. 당신이 진리의 성령을 간구할 때에는 특히 그러하다. 진리의 성령은 효과적인 기도를 드리기 위해 알아야 할 것을 당신에게 알려 주신다.

남편과 나는 자녀에게서 잘못된 무엇인가를 느꼈지만 구체적인 증거가 없었다. 그래서 필요한 것을 알려 주시고, 그들의 삶을 방치하지 마실 것을 하나님께 기도드렸다. 그리고 하나님께 영광 돌리지 않았던 삶을 그들로 하여금 깨닫게 해주실 것을 간구했다. 그들과 우리에게 진리를 계시해 주실 것을 진리의 성령께 간구했다.

얼마 후 누군가로부터 전화를 받았다. 그들이 우리의 자녀에게 관심을 갖게 되었다는 전화였다. 우리는 크리스와 아만다에게 성령이 우리 마음에 일깨워 주신 것을 말했다. 그리고 다른 사람에게서 들은 얘기도 알려 주었다. 그들은 우리가 의심스러워했던 사실을 곧바로 시인했고 진심으로 깊이 회개했다.

이것은 크리스와 아만다를 위한 전환점이었다. 그 이후로 그들은 달라졌다. 자신의 삶과 앞날, 주님에 대해 더 진지해졌고, 교제와 행동에 대해 훨씬 더 주의 깊고 지혜로워졌다. 성령이 강력히 그들에게 말씀하셨고, 그분의 새로운 차원의 사역에 그들의 마음이 열렸다. 진리의 성령이 아니었다면 이 모든 일은 일어날 수 없었을 것이다.

성년자녀의 문제를 놓고 나와 함께 얘기를 나눴던 부모들이 많다. 이 대화들은 사례들로 충분히 열거되고도 남을 정도이지만, 각자의 프라이버시를 위해 실명을 언급하지 않을 것이다. 또한 내가 인용하는 모든 이야기들은 각기 하나 이상의 사례들에 근거한다.

나는 살아오면서 성년자녀를 위한 기도의 응답들을 많이 보아 왔다. 그들의 이야기를 들으면 당신도 자녀를 위해 기도하고 싶은 마음이 생길 것이다.

만일 당신을 근심하게 하거나 힘들게 하는 성년자녀가 있다면 지금 바로 그에게 성령을 부어 주실 것을 하나님께 간구하라.

당신 자신이나 자녀를 비난하는데 시간을 허비하지 말라. 성년자녀가 아무 책임도 없다는 말이 아니다. 분명 그들에게 책임이 있다. 하지만 악한 영의 공격을 물리치기에 충분한 힘을 지닌 분은 하나님의 성령뿐이시다. 성년자녀에게 성령이 임하게 해달라고 하는 간구는 그들과 당신 모두를 위해 강력한 효력을 지닌 기도이다.

주여, 진심으로 간구하오니, 주의 성령을 저의 자녀 위에 부으소서. 저와 저의 가족과 사돈의 가족에게도 주님의 영을 부어 주소서. 그들에게 닥친 모든 힘든 상황들에도 주의 영을 부으소서. 그들의 삶과 존재의 모든 부분을 주관하소서.

저의 자녀의 심령에 말씀하여 주의 음성을 듣도록 도와주소서. 그들로 하여금 주의 인도하심과 삶의 방향을 깨달을 수 있게 하소서. 모든 거짓을 거부할 수 있도록 주의 진리를 듣게 하시고, 주의 영의 능력으로 행하도록 도와주소서. 우리 문화의 악한 공격에 능히 대처할 수 있게 하소서.

그들이 주님으로부터 멀어질 때 주의 손을 뻗어 그들을 당기소서. 주님이 싫어하시는 일을 하도록 방치하지 마소서. 그들의 마음을 움직여서 있어야 할 곳으로 그들을 돌이키소서.

저는 주님이 제가 자녀에게 해줄 수 있는 것보다 훨씬 더 많은 것을 행하실 수 있음을 믿습니다. 제가 해야 하거나 하지 말아야 할 일이 있다면 그것을 분명히 알려 주소서. 진리의 성령님, 그들과 제게 필요한 진리를 알려 주소서. 그들에게 올바로 대할 수 있도록 인도하소서.

저는 자녀가 주의 성령을 결코 근심하게 하지 않고 그분을 영접하기를 기도합니다엡 4:30, 눅 11:13. 주의 영으로 그들을 충만하게 하시고, 그들에게 주의 평안과 소망과 믿음과 진리와 능력을 부으소서. 그들의 마음속에 찬양이 일어나게 하시고, 신령과 진정으로 주님을 예배하게 하소서. 예수님의 이름으로 기도합니다. 아멘.

능·력·의·말·씀

"너희가 악할지라도 좋은 것을 자식에게 줄 줄 알거든 하물며 너희 하늘 아버지께서 구하는 자에게 성령을 주시지 않겠느냐 하시니라" 눅 11:13.

"오직 성령이 너희에게 임하시면 너희가 권능을 받고" 행 1:8.

"또 누구든지 말로 인자를 거역하면 사하심을 얻되 누구든지 말로 성령을 거역하면 이 세상과 오는 세상에서도 사하심을 얻지 못하리라" 마 12:32.

"예언은 언제든지 사람의 뜻으로 낸 것이 아니요 오직 성령의 감동하심을 받은 사람들이 하나님께 받아 말한 것임이라" 벧후 1:21.

"너희가 회개하여 각각 예수 그리스도의 이름으로 세례를 받고 죄 사함을 받으라 그리하면 성령의 선물을 받으리니" 행 2:38.

2장

하나님과 동행하는 삶을 살도록 기도하라

The Power of Praying for Your Adult Children

하나님을 위하는 마음을 지닌 사람들은 그분을 알고 싶어 한다. 또한 그분이 원하시는 것을 원한다. 하나님이 원하시는 것은 우리가 그분을 더 많이 닮는 것이다. 우리는 생각과 행동과 삶에 있어 하나님의 기준에 미치지 못하기 때문에 모두 변화를 필요로 한다. 우리를 지속적으로 변화시킬 수 있는 분은 하나님뿐이다. 그리고 우리가 간구할 때 하나님이 개입하신다.

얼마나 오랫동안 하나님을 알고 그분과 동행했든, 우리는 그분을 더 잘 알며 그분과 더 가까이 동행하도록 기도할 수 있다. 우리가 자신을 위해 기도하듯이 성년자녀를 위해서도 기도할 수 있다. 우리는 그들의 마음이 주께로 향하도록 기도할 수 있다. 그들이 하나님을 더 잘 알며 더욱 그분을 닮도록 기도할 수 있다. 또한 그들이 마귀의 말에 마음을 닫고 하나님의 진리에 마음을 열도록 기도할 수 있다.

성년자녀가 하나님과 동행하도록 기도하는 구체적인 방법들을 소개
하면 다음과 같다.

하나님을 알려는 소원을 갖도록 기도하라

하나님을 알려는 소원이 그 사람의 삶을 구원으로 이끈다. 하나님을
진심으로 알기를 원하는 사람은 누구나 구주 예수님께로 이끌리기 때
문이다. 진정으로 당신을 구원할 수 있는 분은 죽었다가 다시 사신 예
수님뿐이시다.

우리 모두는 그리스도 없이는 죽을 수밖에 없는 존재이므로 구원을
필요로 한다. 사도 베드로는 이렇게 말했다. "다른 이로써는 구원을 받
을 수 없나니 천하 사람 중에 구원을 받을 만한 다른 이름을 우리에게
주신 일이 없음이라"행 4:12. 예수님 없이는 이 세상에서 자신을 위한 안
식처를 결코 찾지 못한다. 우리가 생존하기 위해서는 하나님과 그분의
권능에 굳건히 연결되어 있어야 하므로 예수님 없이는 늘 무엇인가 결
여된 느낌일 것이다.

우리가 새로워질 수 있는 유일한 방법은 구원이므로 우리 모두는 구
원을 필요로 한다. "누구든지 그리스도 안에 있으면 새로운 피조물이
라 이전 것은 지나갔으니 보라 새 것이 되었도다"고후 5:17. 우리 모두는
새로운 시작을 필요로 한다. 진정으로 새로워짐을 경험할 수 있는 방법
은 오직 하나뿐이며, 그것은 그리스도께서 우리 안에 사시며 새롭게 하

시는 것이다.

자녀 중에 구원을 필요로 하지 않을 정도로 선한 사람도 없고, 구원받을 수 없을 정도로 악한 사람도 없다. 성경은 "이스라엘과 유다가 이스라엘의 거룩하신 이를 거역하므로 죄과가 땅에 가득하나"렘 51:5 하나님이 그들을 버리지 않으셨다고 한다. 온갖 죄악을 범한 이스라엘을 버리지 않으신 하나님은 우리의 성년자녀도 버리지 않으실 것이다. 부모의 간절한 기도가 매일 하늘 문을 두드리고 있을 경우에는 특히 그러할 것이다. 당신의 기도는 자녀의 마음을 하나님께로 열어 그분의 말씀을 더 잘 듣도록 도울 수 있다.

자녀가 어릴 적부터 주님을 알았다면 결코 하나님으로부터 멀어지지 않도록 계속 기도하라. 그런 일이 당신의 자녀에게 일어나지 않을 거라고 생각하지 말라. 모든 신자는 마귀의 표적이며, 마귀는 우리를 넘어뜨리려고 끈질기게 공격한다.

자녀가 주님을 아직 모른다면 하나님을 만날 수 있도록 기도하라. 그들의 구원에 대해 하나님이 당신보다 훨씬 더 많이 관심을 기울이실 것이다.

성경에서 하나님은 선지자 예레미야에게 무화과 두 광주리를 보여주셨다. 한 광주리에는 먹기에 좋은 무화과가, 다른 광주리에는 먹을 수 없는 나쁜 무화과가 들어 있었다. 하나님은 나쁜 무화과를 먹지 못하듯이 악한 사람들은 쓸모가 없으므로 하나님이 그들을 '환난'에 처하게 하시고 그들의 삶에 연이어 저주가 임할 것이라고 하셨다렘 24:8-10. 여기서 하나님이 말씀하시는 악한 사람들이란, 하나님과 하나님이 옹호하시는 일을 거역하는 자들이다.

반면에 좋은 무화과란, 당시에 포로로 잡혀 갔던 사람들을 가리킨다고 말씀하셨다. 하나님은 그들의 사로잡힘을 허용했지만 그들을 계속 주시하시며 다시 돌아오게 할 것이라고 하셨다. 하나님은 그들을 심어 열매 맺게 하실 것이며, 뿌리 뽑히지 않게 하실 것이었다렘 24:1-6.

여기서 알 수 있듯이, 어떤 자들이 완악해져서 하나님을 거역할 경우 하나님은 그들을 곤경에 빠트리신다. 그러나 하나님을 알려는 마음을 지닌 자들에 대해서는 그들을 살피고 일으켜 세워 열매를 맺게 하실 것이다. 설령 그들이 탈선하고 하나님이 그들에게 곤란한 일을 허용하실지라도, 궁극적으로 그것은 그들의 유익을 위함이다.

좋은 무화과로 표현된 사람들에 대한 두 번째 약속은 이러하다. "내가 여호와인 줄 아는 마음을 그들에게 주어서 그들이 전심으로 내게 돌아오게 하리니 그들은 내 백성이 되겠고 나는 그들의 하나님이 되리라"렘 24:7.

우리에게, 특히 우리 자녀에게 주신 그 놀라운 약속으로 인해 하나님께 감사하라. 설령 그들이 하나님을 떠나 잘못된 길로 행할지라도 하나님은 그분을 알 수 있는 마음을 그들에게 주실 것이다.

어떤 부모든 이 약속만으로도 소망을 얻을 수 있다. 그러나 하나님의 약속을 우리의 삶에 접목시키기 위해서는 기도해야 한다. 우리는 이렇게 말해야 한다. "주님, 저는 주께서 저의 자녀에게 주님을 올바로 알 수 있는 마음을 주시고, 그가 전심으로 주께로 돌이키게 해주실 것을 기도합니다."

하나님의 방식대로 살려는 소원을 갖도록 기도하라

성년자녀에게 성령을 부어 주실 것을 기도하는 여러 가지 이유 중 하나는, 그것이 하나님의 방식대로 성공적으로 살 수 있는 유일한 방법이기 때문이다. 우리 모두 그런 도움을 필요로 한다. 하나님의 도우심 없이는 그 누구도 하나님의 법에 온전히 순종할 수 없다. 우리 스스로 하나님과의 관계를 맺기에 충분할 정도로 선해질 수는 없다. 우리의 마음과 삶을 하나님께 드릴 때 하나님이 우리를 도우셔서 순종하게 하시며 선해지게 하신다. 선택은 우리 몫이지만 선택하게 하는 분은 하나님이시다.

성령은 너무나 거룩하시므로 정결하지 않은 이들 속에 거하실 수 없다. 우리는 하나님의 희생 양이신 예수님의 피로 정결해진다. 예수님을 영접할 때 우리를 대신하여 흘리신 그분의 피로 인해 우리는 정결해지는 것이다.

성령은 옳은 일을 행하도록 우리를 도울 수 있는 유일한 분이다. 그분은 우리가 할 일을 마음속에 알려 주시고, 우리가 배우는 하나님의 말씀에 생명을 불어넣으신다. 또한 옳은 일을 하려는 성향을 마음속에 일으키신다. 그분은 옳거나 잘못된 것을 본능적으로 알게 하는 거룩한 잣대를 우리 안에 만드신다.

성령은 이르기를, 우리가 성령에 따라 살 때 성령의 일들에 우리의 마음을 고정시킨다고 한다. 만일 하나님의 성령이 우리 안에 거하시면 우리가 성령 안에 있다고 한다롬 8:6-10. 그러나 하나님은 우리의 마음

문을 억지로 무너뜨리지 않으신다. 초청받기까지 기다리신다. 우리가 기도하여 자녀 속에 성령이 임하시게 할 수는 없지만, 그들의 마음이 부드럽게 열려서 주님의 음성을 듣게 해주시도록 기도할 수는 있다. 그리고 자녀가 진리의 성령의 음성을 들을 수 있도록 마귀의 거짓말을 막아 주실 것을 기도할 수 있다.

하나님의 말씀을 읽지 않으면 하나님의 방식을 알 수 없다. 자녀가 하나님의 말씀을 받아들일 마음을 갖게 해주시기를 기도하라. 성경은 말한다. "여호와의 율법은 완전하여 영혼을 소성시키며 여호와의 증거는 확실하여 우둔한 자를 지혜롭게 하며 여호와의 교훈은 정직하여 마음을 기쁘게 하고 여호와의 계명은 순결하여 눈을 밝게 하시도다······ 금 곧 많은 순금보다 더 사모할 것이며 꿀과 송이꿀보다 더 달도다"시 19:7-10. 잠언서는 "말씀을 멸시하는 자는 자기에게 패망을 이루고 계명을 두려워하는 자는 상을 받느니라"잠 13:13고 한다. 자녀가 하나님의 말씀과 그분의 방식을 몰라서 파멸에 이르러서는 안 될 것이다.

우리는 거짓을 믿지 않도록 진리인 하나님의 말씀에 대한 지식을 지녀야 한다. 진리를 믿지 않고 거짓을 믿은 까닭에 파멸의 길로 이끌렸던 사람들이 얼마나 많은가! 자녀가 진리의 지식을 넉넉히 얻어 대적의 거짓을 멀리 떨쳐 버리도록 기도하라. 자기 마음에서 나온 비전을 말하는 자들에게 그들이 귀 기울이지 않도록 기도하라. 주님을 멸시하는 자들을 따르는 사람은 누구나 길을 잃고 멸망할 것이다.

만일 당신이 하나님이나 그분의 방식을 몰라서 그분의 방식으로 자녀를 양육하지 않았다면, 지금이라도 하나님께 간구하라. 당신의 올바르고 선했던 자녀 교육 방식에 대해 하나님께 감사하라. 하나님이 당신의 자녀를 친히 가르치심을 기억하고, 날마다 그분의 방식대로 그들을 가르쳐 주시기를 간구하라.

당신이 하나님의 방식으로 자녀를 양육했으나 성년이 된 자녀가 그릇된 길로 빠졌다면, 더 이상 하나님께 등을 돌리지 않도록 기도하라.

하나님의 방식으로 자녀를 양육했고 그들이 탈선한 적도 없다면, 앞으로도 계속 올바로 행하도록 기도하라. 하나님은 이렇게 말씀하셨다. "그들은 내 백성이 되겠고 나는 그들의 하나님이 될 것이며 내가 그들에게 한 마음과 한 길을 주어 자기들과 자기 후손의 복을 위하여 항상 나를 경외하게 하고 내가 그들에게 복을 주기 위하여 그들을 떠나지 아니하리라 하는 영원한 언약을 그들에게 세우고 나를 경외함을 그들의 마음에 두어 나를 떠나지 않게 하고"렘 32:38-40.

자녀가 늘 하나님을 경외하는 마음을 갖도록 기도하라. 하나님을 경외하는 당신의 마음이 자녀에게도 풍성한 유산이 될 것임을 감사하라.

회개하는 마음을 갖도록 기도하라

회개하는 마음을 갖는 것은 성공에 이르는 열쇠들 중 하나이다. 회개하는 마음은 이렇게 말하게 한다.

"주님, 저의 죄를 보여 주소서. 그러면 그 죄를 회개하겠습니다. 주의 방식대로 인도하소서. 주의 방식을 거스르는 일에 집착하지 않겠습니다."

회개하는 마음을 갖는다는 것이 반드시 끔찍한 짓을 저질렀음을 뜻하지는 않는다. 그것은 우리가 온전하지 못한 일을 행했는지 하나님이 보여 주시기를 기꺼이 원함을 뜻한다. 그것은 우리가 아무런 회개도 필요하지 않을 정도로 선하다는 식의 자기의에 빠지지 않고 자신의 허물을 기꺼이 인정함을 뜻한다.

이혼하는 사람들의 경우 대체로 부부 중 적어도 한 명은 회개하는 마음을 갖고 있다. "이 문제에서 나의 잘못도 있음을 인정해요. 그것을 고치려는 노력을 할게요."라고 말하지 않는 것이다. 사실, 부부 중 한 사람이 아니라 둘 다 그렇게 말해야 한다. 아내가 남편에게 어떤 변화를 요구하지만 남편이 귀 기울이려 하지 않는 경우가 종종 있다. 남편은 아내의 요구에 맞추기 위해 무슨 일을 해야 할 것인지 살피기를 거부했다. 회개하는 마음을 갖지 않으려 했다. 회개하는 마음이 열쇠이다. 하나님은 회개하는 마음을 구하는 누구에게나 그것을 주실 것이다.

회개하는 마음은 거역하지 않는 마음이다. 거역하는 마음은 이렇게 말한다. "나는 언제든 내가 원하고 싶은 것을 원하며, 나는 어떤 방법으로 얻든 혹은 누구에게 상처를 주든 그것을 지닐 자격이 있다. 나는 규칙에 따를 필요도 없고, 배우자의 규칙에 따를 필요도 없다. 내게는 나의 규칙이 있고, 다른 사람들은 내 규칙대로 살면 된다." 거역은 의도적으로 주님의 방식을 거부하며 사는 것이다.

예레미야는 불순종하고 파멸에 처한 이스라엘에 대해 이렇게 한탄했다. "여호와여 주의 눈이 진리를 찾지 아니하시나이까 주께서 그들을 치셨을지라도 그들이 아픈 줄을 알지 못하며 그들을 멸하셨을지라도 그들이 징계를 받지 아니하고 그들의 얼굴을 바위보다 굳게 하여 돌아오기를 싫어하므로"렘 5:3.

"얼굴을 바위보다 굳게" 한다는 것은 교정받기를 거부함을 뜻한다. 그들은 잘못을 범해도 슬퍼하지 않는다. 사실, 자신이 범한 잘못을 인식조차 못하는 경우도 많다. 이것이 거역하는 마음이다. 회개하는 마음을 지닌 사람은 하나님의 방식을 거스르는 자신의 행동에 대해 슬퍼한다.

죄를 회개하지 않으면 그것이 우리를 조종한다. "이는 거역하는 것은 점치는 죄와 같고 완고한 것은 사신 우상에게 절하는 죄와 같음이라"삼상 15:23. 죄의 사슬을 끊을 수 있는 것은 회개뿐이다. 회개하지 않는다면 그에 따르는 대가를 지불하게 될 것이다.

하나님은 거역하는 자의 기도에 귀 기울이지 않으신다. 회개하지 않은 죄가 우리에게 있을 때 하나님은 우리의 기도를 듣지 않으신다. "오직 너희 죄악이 너희와 너희 하나님 사이를 갈라놓았고 너희 죄가 그의 얼굴을 가리어서 너희에게서 듣지 않으시게 함이니라"사 59:2, "내가 나의 마음에 죄악을 품었더라면 주께서 듣지 아니하시리라"시 66:18. 이 시편 기자는 하나님께 부르짖었을 때 하나님이 그를 구원하셨다고 고백하기도 했다19절. 만일 그가 죄를 마음속에 계속 품었다면 구원을 경험하지 못했을 것이다. 기도 응답을 원할 때, 우리는 하나님 앞에서 정결한 마음을 지녀야 하고 그러려면 회개해야 한다.

회개하는 마음은 겸손한 마음이다. 교만은 우리를 파괴하며, 겸손은 우리에게 영예를 가져다준다. "사람이 교만하면 낮아지게 되겠고 마음이 겸손하면 영예를 얻으리라"잠 29:23. 교만은 회개하지 않게 하므로 우리를 무너뜨린다. 반면에 겸손한 마음을 지닌 사람은 자신의 죄를 자각할 수 있다. 겸손의 반대는 교만이며, 이 교만은 우리 자신에 관한 진실을 보지 못하게 한다.

우리 자녀가 어릴 때 남편과 내가 효과적으로 자녀 징계를 위해 사용했던 방법 중 하나는 그들에게 회개하는 마음이 있는지의 여부를 살피는 것이었다. 그들이 자신의 행동에 대해 진심으로 뉘우치는지 아니면 단지 발각되었기 때문에 미안해하는지 파악하는 것이 중요했다. 그들은 자신의 잘못된 행동에는 대가가 따른다는 사실을 배워야 했다. 그것을 배우지 못한 자녀는 성장한 후에 잘못을 저지르기 쉽다. 아무 대가도 따르지 않는다고 생각하기 때문이다. 그들이 아무 징계를 받지 않으면 자신에 대한 징계도 배울 수 없으며, 자기 절제도 배울 수 없다. 유죄 판결을 받고서도 양심의 가책을 전혀 느끼지 않는 살인자들을 종종 보게 되는데, 그들은 겸손하지 않고 거만하다. 그들은 성장 과정에서 자신의 행위의 결과에 대해 제대로 배우지 못했던 것이 분명하다. 그래서 회개하는 마음이 형성되지 않은 것이다.

회개하는 마음을 갖도록 교육받은 자녀는 성년이 되어 탈선하더라도 지적과 교정을 받아들이며, 잘못된 일을 계속 저지르지 않고 속히 돌이킨다.

부모나 어떤 권위 있는 사람으로부터 교정받기를 거부하고 자신이 원하는 대로 하다가 화를 당하는 젊은이들이 많다. 끔찍한 짓을 저지른 젊은이들에 대한 보도를 종종 TV에서 볼 때 우리는 몹시 의아하게 여긴다. '어떻게 그들은 저렇게 어리석을 수 있을까? 자신의 삶을 내팽개

치고 있는 줄을 모르는 걸까? 왜 그들은 그런 짓을 대수롭지 않게 여겼을까? 무엇이 그들을 저렇게 자만하게 만들었을까?'

사도들을 돕기 위해 선출된 집사 중 한 명인 스데반은 믿음과 성령의 능력으로 충만했다^{행 6:5}. 그는 자신을 심문하는 자들을 "목이 곧고 마음과 귀에 할례를 받지 못한 사람들"이라고 지칭했다. 또한 그는 그들이 항상 성령을 거스른다고 말했다^{행 7:51}.

"목이 곧고"는 '완고하다'는 뜻이다. 할례받지 못한 마음은 회개하지 않음을 뜻한다. 완고하며 회개하지 않는 사람은 성령을 거부한다.

하나님은 말씀에 귀 기울이며 잘못을 회개하는 사람에게 항상 복을 베푸신다. 당신의 자녀가 하나님께 순종하며 회개하는 마음을 갖도록 기도하라. 이는 그들이 성령의 교정 사역을 순순히 받아들임을 뜻한다. 우리 자신도 회개하는 마음을 갖도록 기도해야 한다. 그 마음은 하나님이 우리 모두에게 원하시는 것이며, 일평생 우리를 복되게 할 것이다.

하나님이 하신 일을 깨닫도록 기도하라

하나님은 영적 유산을 자녀에게 남기는 방법을 알려 주신다. 이 영적 유산은 물질적인 유산보다 더 중요하다. 영적 유산은 지금 곧 전해 줄 수 있는 것이다. 재산을 남겨 줄 수 없더라도 염려하지 말라. 왜냐하면 평생 동안 지속될 영적 유산을 남겨 줄 수 있기 때문이다. 영적 유산은 선한 성품, 성실성, 사랑, 속박으로부터의 자유, 그리고 하나님으로부터 오는 축복 등이다. 달리 말해서 당신의 자녀는 당신을 통해 본보기로 보았던 것을 유산으로 물려받기 쉽다.

영적 유산을 나눠 줄 수 있는 한 방법은 하나님이 당신의 삶 속에서 행하신 일을 자녀에게 말하는 것이다. 구약의 한 시편 기자인 아삽은 하나님이 하신 일을 이렇게 노래했다. "내가 입을 열어 비유로 말하며 예로부터 감추어졌던 것을 드러내려 하니 이는 우리가 들어서 아는 바요 우리의 조상들이 우리에게 전한 바라 우리가 이를 그들의 자손에게 숨기지 아니하고 여호와의 영예와 그의 능력과 그가 행하신 기이한 사적을 후대에 전하리로다"시 78:2-4. 그는 계속해서 그들의 후손들이 하나님의 하신 일을 잊지 않도록 대대로 이것들을 알려 줄 것을 하나님이 명하셨다고 했다. 그렇게 할 때 후손들은 하나님께 소망을 둘 것이며 완고하고 반역적인 사람이 되지 않을 것이었다시 78:5-8.

여기서도 "완고"와 "패역"이라는 표현들이 나온다8절. 시편 기자는 부모가 자녀의 마음이 패역해지지 않도록 자신의 삶 속에서 경험한 하나님의 사역들을 자녀에게 알릴 것을 당부한다. 우리도 마찬가지다. 우리의 삶 속에서 행하신 하나님의 사역을 자녀에게 알려 주면, 그들도 그들의 자녀에게 그것을 가르칠 수 있다.

또한 이 시편 기자는 하나님의 하신 일을 기억하지 않는 자들에 대해 이렇게 말한다. "그들이 그의 권능의 손을 기억하지 아니하며 대적에게서 그들을 구원하신 날도 기억하지 아니하였도다"시 78:42. 결국 그들은 하나님을 반역하고 거짓 신들에게로 돌이켰다시 78:56-58. 대적의 손으로부터 우리를 건져 주신 하나님의 일들을 자녀에게 들려주어야 하는 것도 바로 그 때문이다. 우리는 과거에 체험한 하나님의 능력을 기억해야 한다. 그래야만 현재 필요할 때 그 능력을 기억할 수 있고, 장래에 대해 평안해질 수 있다.

하나님은 당신에게 무엇을 의미하시는지, 당신의 기도에 그분이 어떻게 응답하셨는지, 과거에 당신을 위해 행하신 놀라운 일들이 무엇인지, 그리고 장래에 당신을 위해 행하실 것으로 기대되는 일들이 무엇인지 자녀에게 알려 주는 것이 중요하다. 당신이 주님을 어떻게 만났는지, 그분이 당신을 어떻게 변화시키셨는지, 그리고 오늘날 당신을 어떻게 인도하고 계신지 자녀에게 얘기하라. 그런 얘기는 당신의 믿음은 물론이고 그들의 믿음도 강화시킬 것이다. 왜냐하면 오랜 후에도 그들이 그것을 기억할 것이기 때문이다.

하나님이 당신을 위해 행하신 일을 얘기하기에 좋은 시간을 찾으라. 이 소중한 경험을 나눌 때, 그들은 그것이 당신에게 얼마나 큰 의미를 지니는지 보고 영향을 받을 것이다.

당신이 최근에야 겨우 하나님의 방식대로 살기 시작했을지라도, 영적 유산을 자녀에게 남겨 주기에 너무 늦었다고 생각하지 말라. 오늘에라도 하나님은 당신을 위해 놀라운 일을 행하실 것이다. 하나님의 말씀에서 위대한 그 무엇을 가르쳐 주실 것을 간구하라. 지금 당신의 삶 속에서 놀라운 일을 행하시도록 성령께 간구하라. 성령이 그렇게 행하시면, 그것을 기록하고 기억하였다가 적절한 때에 자녀에게 얘기하라. 당신은 짧은 시간 내에 하나님의 놀라운 사역을 경험할 수 있을 것이다.

하나님의 사랑을 배우도록 자녀들을 돕는 최선의 방법은 하나님이 그들을 얼마나 사랑하시는지 보여 주는 것이다. 당신이 그들을 얼마나 사랑하는지 보여 줌으로써 그렇게 할 수 있다. 당신이 그들 속에서 보는 좋은 면들과 그들에게서 기대하는 멋진 미래를 그들에게 말해 주라. 그리고 그들에 관한 하나님의 말씀을 들려주라. 성년자녀를 위한 당신의 사랑을 그들이 볼 때 그들은 당신에게 마음 문을 열 것이며, 자신의 가장 깊은 관심사와 고충들을 털어 놓을 것이다. 그들을 위한 하나님의 사랑에 대해 들을 때 그들은 더 깊고 새로운 방식으로 그분께 마음 문을 열 것이다.

능 · 력 · 의 · 기 · 도 The Power of Praying for Your Adult Children

주여, 저의 자녀를 위해서 기도합니다. 주님을 아는 마음을 주시기를 간구합니다. 주님의 선하고 신실한 종 다니엘처럼 저의 자녀도 민첩하고 뛰어난 마음을 갖게 해주소서단 6:3. 그들을 주께로 가까이 이끄시며 더욱더 주를 닮게 하소서.

하나님의 말씀은 주님이 바로 구원의 문이시라고 가르칩니다요 10:9. 저의 자녀가 영원으로 이끄는 길 이외의 다른 어떤 문으로도 들어가지 않도록 지켜 주소서. 만일 그들이 어떤 식으로든 주님을 떠났다면, 전심으로 주께 돌이키게 하소서렘 24:7. 그리스도 안에서 새로운 피조물이 되게 하소서고후 5:17.

저의 자녀에게 회개의 마음을, 겸손하며 주께로 돌이키는 마음을 주소서. 혹시 저희가 거역하는 마음을 품었다면, 그 마음을 정결하게 하셔서 그 심령이 새로워지게 해주소서. 주님 없이 살 수 있다고 생각하게 하는 모든 교만을 제거해 주소서. 저희가 주님이 바라시는 것을 행하려는 소원을 품게 하소서.

저의 자녀가 주의 말씀을 사랑하며 날마다 그것으로 자신의 영혼을 먹이기를 기도합니다. 그들의 마음에 말씀하시고 그 모든 말씀에 생명을 불어넣으소서. 주의 방식과 법을 그들에게 가르치시며, 그들이 올바르게 행할 수 있게 해주소서. 그들이 성령의 음성을 저희가 듣도록 마귀의 음성을 잠잠하게 하소서. 주의 방식대로 살려는 소원을 그들에게 주소서. 사람이 귀를 돌이키고 율법을 듣지 아니하면 그의 기도도 가증하다고 했습니다잠 28:9. 그들이 주의 율법에 귀 기울이게 하소서.

하나님, 저의 자녀가 주의 임재와 말씀에 대한 열정을 갖도록 도와주소서. 그들을 인도하시는 성령의 임재를 깨닫도록 도우소서. 간구하오니, 그들이 주님을 높이고 주님을 최우선순위로 둘 정도로 주님을 사랑하며 주를 섬기게 하소서. 그리고 성령이 충만하여서 주님을 향한 헌신이 뜨거워지게 하소서. 주님과의 관계를 통해 풍성한 생명을 체험하게 하소서. 저희의 뜻이 주님의 뜻에 일치하게 하소서. 저희가 언제나 주님이 원하시는 길로 행하고, 주님이 원하시는 행동을 하게 하소서.

저와 저의 삶을 위해 주님이 행하신 모든 선한 일들을 자녀와 함께 나누도록 도와주소서. 제가 더욱 주님을 닮아서 자녀에게 풍성한 영적 유산을 물려줄 수 있기를 원합니다. 제가 경험한 주의 사랑을 그들에게 보여 주어 그들이 주님을 향한 더 큰 사랑을 가지게 되기를 원합니다. 예수님의 이름으로 기도합니다. 아멘.

능·력·의·말·씀

"너희가 내 안에 거하고 내 말이 너희 안에 거하면 무엇이든지 원하는 대로 구하라 그리하면 이루리라 너희가 열매를 많이 맺으면 내 아버지께서 영광을 받으실 것이요 너희는 내 제자가 되리라" 요 15:7-8.

"공의로운 길에 생명이 있나니 그 길에는 사망이 없느니라" 잠 12:28.

"여호와의 눈은 온 땅을 두루 감찰하사 전심으로 자기에게 향하는 자들을 위하여 능력을 베푸시나니" 대하 16:9.

"하나님이 죄인의 말을 듣지 아니하시고 경건하여 그의 뜻대로 행하는 자의 말은 들으시는 줄을 우리가 아나이다" 요 9:31.

"하나님을 가까이하라 그리하면 너희를 가까이하시리라 죄인들아 손을 깨끗이하라 두 마음을 품은 자들아 마음을 성결하게 하라" 약 4:8.

3장
지혜와 분별력, 계시가 자라도록
기도하라

The Power of Praying for Your Adult Children

부모가 평안을 얻기 위해서는 성년자녀의 삶 속에서 특정한 일들이 실현되도록 기도해야 한다. 그런 후에 기도 응답을 하나님께 맡겨야 한다. 우리는 그들의 삶에서 일어나는 모든 일들에 집착할 수는 없다. 그렇게 하면 우리 자신은 물론 주변 사람들까지 불안해지기 때문이다.

그것은 그들을 위한 효과적인 방법이 아니다. 우리가 세세한 일들까지 일일이 파악할 필요는 없다. 그것은 하나님이 하실 일이다. 우리는 큰 그림을 위해, 가장 중요한 문제들을 위해, 마귀의 계획을 무산시키기 위해, 자신이 아는 구체적인 일들에 대해 기도하고, 자녀의 삶 속에서 하나님의 뜻이 이루어지기를 기도해야 한다.

성년자녀를 위해 기도해야 할 가장 중요한 문제 중 하나는, 그들이 경건한 지혜와 분별력과 계시에 따라 행하는 것이다. 오직 하나님으로 부터 주어지는 이 세 가지 은사들은 심각한 상황을 피할 수 있게 해준 다. 우리가 겪은 곤경들 중에는 삶 속에서 이 은사들이 온전히 작용하 게만 했다면 굳이 겪지 않았어도 될 것들이 많다.

하나님의 지혜와 분별력과 계시 없이 성공적으로 살아갈 수 있는 사 람은 아무도 없다. 성년자녀는 특히 그렇다. 그들이 사는 죄악된 세상 에는 거짓과 기만이 가득하다. 따라서 그들은 하나님의 말씀을 이해할 때에만, 그리고 지혜의 성령으로 말미암아 하나님의 말씀을 마음속에 간직할 때에만 함정을 피해 갈 수 있고, 하나님으로부터 오는 분별력과 계시를 지닐 때에만 주변의 혼란과 기만 상황을 성공적으로 헤쳐 나갈 수 있다.

경건한 지혜와 분별력과 계시는 성년자녀를 잘못된 시간에 잘못된 곳에 있지 않도록 막아 준다. 또한 나쁜 결정이나 선택을 막아 주며, 잘 못된 사람을 신뢰하거나 올바른 사람을 믿지 못하는 잘못을 막아 준다. 진실을 분간하기 힘들 때 선한 일을 선택하도록 도와주고, 간과할 수 있었던 것들을 예견하게 해주며, 위험을 미리 감지하게 해준다. 그리고 그것들은 곤경과 해악으로부터 벗어나게 해준다.

우리는 모두 이 세 가지 은사들을 필요로 한다. 우리를 지혜롭고 분 별력 있게 해주실 것을 하나님께 간구해야 한다. 그리고 우리가 무엇 을 해야 하고, 어디로 가야 하며, 어떻게 생각해야 하는지에 대해 계시 해 주실 것을 간구해야 한다.

하나님으로부터 오는 지혜를 갖도록 기도하라

참된 지혜는 오직 하나님으로부터 온다. 이 지혜는 단지 정보에 그치는 것이 아니다. 우리에게 필요한 것은 우리가 지닌 정보를 잘 처리하게 해주는 더 많은 지혜이다.

지혜의 성령이 부어 주시는 지혜는 단순한 교육이나 지식을 훨씬 넘어선 것이다. 그것은 진리에 대한 깊은 자각이다. 우리는 성년자녀가 "항상 배우나 마침내 진리의 지식에 이를 수"딤후 3:7 없는 사람이기를 원하지 않는다. 그들이 경건한 지혜, 곧 진리의 지식을 갖기를 원한다. 경건한 지혜를 지닐 때 그들은 필요한 결단을 신속하게 내릴 수 있고, 옳은 결단을 내릴 것이다.

성년자녀는 분주하게 살아가며 자신에게 유익을 주는 사람이 누군지를 알아내려고 애쓴다. 성공하기 위해 무엇을 해야 하는지 그리고 얼마나 열심히 일하거나 공부해야 하는지를 알아내려고 애쓴다. 또한 좋은 인간관계를 맺거나, 좋은 배우자를 찾거나, 결혼생활을 잘 유지할 방법에 대해 생각한다. 굳건한 가정을 세우려고 노력한다. 그들은 세상에서 자신의 위치를 찾으려고 애쓰며, 그래서 자신의 한계와 은사들이 무엇인지를 시험하느라고 분주하다.

하나님으로부터 오는 지혜가 있다면 훨씬 더 잘할 수 있을 것이다. 경건한 지혜는 그들의 삶을 훨씬 더 쉽고 평탄하게 할 것이다.

우리가 할 일은 오직 하나님께 지혜를 구하는 것이다. "너희 중에 누구든지 지혜가 부족하거든 모든 사람에게 후히 주시고 꾸짖지 아니하시는 하나님께 구하라 그리하면 주시리라"약 1:5.

우리는 자녀를 위해서도 지혜의 성령을 간구할 수 있다. 어떻게 생각하고 행동하며 살아갈 것인지에 대한 지혜를 그들에게 주시도록 기도해야 한다.

지혜를 지닐 때 행동하기 전에 그 결과를 볼 수 있고, 그래서 어떤 행동을 취할 것인지 올바로 결정할 수 있다. 지혜는 삶의 문제들을 깊이 이해하게 하며, 그 결과 통찰력과 분별력과 판단력을 갖게 한다.

우리는 자신의 삶 속에 역사하시는 지혜의 성령을 실제로 느낄 수 있다. 올바르다는 막연한 느낌으로 결정한 일이 나중에 정말 올바른 것으로 확인된 적이 있는가? 그것은 당신 속에서 지혜의 성령이 역사하셨기 때문이다. 그분은 자연적인 역량을 넘어 훨씬 더 좋은 결정을 내릴 수 있도록 도우신다.

지혜를 구하는 7가지 효과적인 기도 방법

❶ 하나님을 경외하는 지혜를 얻도록 기도하라

"여호와를 경외하는 것이 지혜의 근본이요 거룩하신 자를 아는 것이 명철이니라"잠 9:10. 모든 지혜는 여호와를 경외하는 것에서 시작된다. 그런 외경심을 품는 자의 마음속에 지혜의 성령이 거하신다.

❷ 다른 사람들에게 올바른 말을 하는 지혜를 갖도록 기도하라

"네가 말이 조급한 사람을 보느냐 그보다 미련한 자에게 오히려 희망이 있느니라"잠 29:20. 적절하지 못한 때에 그릇된 말을 해서 심각한 문제

에 빠지는 사람들이 너무 많다. 적시에 올바른 말을 하는 법을 알면 축복의 문을 열 수 있다.

❸ 하나님의 이름을 모독하지 않도록 기도하라

"여호와여 이것을 기억하소서 원수가 주를 비방하며 우매한 백성이 주의 이름을 능욕하였나이다"시 74:18. 하나님께 영광 돌리지 않는 말은 그 사람에게 매우 치명적인 영향을 미치게 된다. 이것은 "너는 네 하나님 여호와의 이름을 망령되게 부르지 말라 여호와는 그의 이름을 망령되게 부르는 자를 죄 없다 하지 아니하리라"출 20:7는 제3계명에 반영되어 있다.

❹ 겸손하며 교만하지 않도록 기도하라

"교만이 오면 욕도 오거니와 겸손한 자에게는 지혜가 있느니라"잠 11:2. 겸손 자체가 지혜롭다. 또한 이는 겸손할 때 우리의 지혜가 자람을 뜻하기도 한다.

❺ 세상 지혜에 이끌리지 않는 지혜를 갖도록 기도하라

"이 세상 지혜는 하나님께 어리석은 것이니"고전 3:19. 세상이 지혜로 여기는 것이 하나님의 눈에는 어리석고, 세상이 어리석게 보는 것은 하나님의 눈에 지혜롭다. 예를 들어, 세상은 예수님에 대한 믿음을 어리석게 여기지만 하나님은 그것을 가장 지혜롭게 여기신다.

❻ 하나님의 말씀을 사랑하는 지혜를 갖도록 기도하라

"내 아들아 네가 만일 나의 말을 받으며 나의 계명을 네게 간직하며 네 귀를 지혜에 기울이며 네 마음을 명철에 두며……여호와 경외하기를 깨달으며 하나님을 알게 되리니"잠 2:1-2, 5. 하나님의 말씀에 마음 문을 열며 율법과 하나님의 방식을 간직한다는 것은 지혜의 성령께로 향하는 성향을 지니고 있음을 뜻한다. 그분은 당신 혼자서는 이해할 수 없는 것들을 이해하며 발견하도록 도우신다.

❼ 경건하고 지혜로운 자의 조언을 구하는 지혜를 갖도록 기도하라

"너는 귀를 기울여 지혜 있는 자의 말씀을 들으며 내 지식에 마음을 둘지어다"잠 22:17. "복 있는 사람은 악인들의 꾀를 따르지 아니하며 죄인들의 길에 서지 아니하며 오만한 자들의 자리에 앉지 아니하고"시 1:1. 지혜를 전파하는 경건한 사람들의 영향을 받는 것은 중요한 일이다. 자녀에게 조언하는 사람들이 지혜의 성령으로 충만하기를 기도하라.

잠언 1장에서 지혜는 우리를 부르는 여인으로 묘사된다. "지혜가 길거리에서 부르며 광장에서 소리를 높이며"잠 1:20. 그 핵심 내용은 아래와 같다.

"너희 어리석은 자들은 어리석음을 좋아하며 거만한 자들은 거만을 기뻐하며 미련한 자들은 지식을 미워하니 어느 때까지 하겠느냐 나의 책망을 듣고 돌이키라 보라 내가 나의 영을 너희에게 부어 주며 내 말을 너희에게 보이리라"22-23절.

"도리어 나의 모든 교훈을 멸시하며 나의 책망을 받지 아니하였은즉 너희가 재앙을 만날 때에 내가 웃을 것이며 너희에게 두려움이 임할 때에 내가 비웃으리라"25-26절.

"그때에 너희가 나를 부르리라 그래도 내가 대답하지 아니하겠고 부지런히 나를 찾으리라 그래도 나를 만나지 못하리니 대저 너희가 지식을 미워하며 여호와 경외하기를 즐거워하지 아니하며 나의 교훈을 받지 아니하고 나의 모든 책망을 업신여겼음이니라" 28-30절.

"그러므로 자기 행위의 열매를 먹으며 자기 꾀에 배부르리라 어리석은 자의 퇴보는 자기를 죽이며 미련한 자의 안일은 자기를 멸망시키려니와" 31-32절.

"오직 내 말을 듣는 자는 평안히 살며 재앙의 두려움이 없이 안전하리라" 33절.

달리 말하면 지혜의 영은 우리에게 지혜를 부어 주기를 원하시지만, 만일 우리가 그것을 추구하지 않고 지혜로운 조언을 거부한다면 고통스러운 결과를 당할 것이다. 반면에 지혜를 추구하면 우리는 안전하게 살아갈 수 있을 것이다.

위의 23절에서 시사하듯이, 경건한 지혜는 성령을 통해 주어진다. 주 예수님에 대해 예언하면서 선지자 이사야는 이렇게 말했다. "그의 위에 여호와의 영 곧 지혜와 총명의 영이요 모략과 재능의 영이요 지식과 여호와를 경외하는 영이 강림하시리니" 사 11:2.

성경은 "모세가 눈의 아들 여호수아에게 안수하였으므로 그에게 지혜의 영이 충만" 신 34:9하였다고 한다. 우리도 성년자녀에게 안수하여 그들이 지혜의 영으로 충만하도록 기도할 수 있다.

위의 말씀들은 지혜의 영을 받기를 바라는 사람 누구에게나 하나님이 그 영을 부어 줄 준비를 갖추고 계심을 가르친다. 지혜의 영을 원하지 않는 사람들은 불행과 파멸을 경험하게 될 것이다. 반면 그것을 원하는 사람들은 받을 것이며, 그 결과 두려움에서 벗어나 안전하게 거할 것이다.

지혜의 영은 자녀의 삶을 훨씬 더 형통하게 할 것이다. 단순한 교육과 세상 지식으로는 충분하지 않다. 하나님으로부터 오는 지혜가 그들로 하여금 자신의 정보를 활용하여 삶 속에서 열매를 맺게 할 것이며, 그들을 지켜 줄 것이다.

지혜의 영이 당신의 자녀에게 임하여 생각하고 행동하며 살아가는 법을 그들에게 알려 주시도록 기도하라.

경건한 분별력을 갖도록 기도하라

자녀가 분별력을 가질 때 그들은 애매했던 것도 이해할 수 있다. 그들은 대부분의 사람들이 볼 수 없는 것을 볼 수 있는 통찰력을 지니게 된다. 예를 들어, 어떤 사람의 성격을 올바로 분별함으로써 부질없는 슬픔과 곤경에서 놓여난다.

분별력만 지녔더라면 끔찍한 일들에서 벗어났을 사람들이 너무나 많다. 그리고 자신에게 다가오는 사람의 성격을 제대로 분별할 수 있었다면 살인이나 강간의 피해자가 되지 않았을 젊은 여성들이 너무나 많이 있다.

경건한 분별력이 필요한 5가지 이유

❶ 항상 올바로 행동한다

분별력이 없으면 어리석게 행동한다. "무지한 자는 미련한 것을 즐겨 하여도 명철한 자는 그 길을 바르게 하느니라"잠 15:21. 우리는 성년자녀 가 어리석게 행하기를 원하지 않는다. 그들이 탁월한 이해력으로 올바 른 길로 행하며 올바르게 행동하기를 원한다.

❷ 선한 것과 나쁜 것을 분명히 분간할 수 있다

"듣는 마음을 종에게 주사 주의 백성을 재판하여 선악을 분별하게 하 옵소서"왕상 3:9. 솔로몬은 장수나 재물이나 대적들의 목숨을 구하지 않았 다. 그의 대답은 하나님을 기쁘시게 했다. 대신에 그는 무엇이 그리고 누 가 선하거나 악한지를 분명하게 구별할 수 있는 능력을 원했다. 하나님 은 그의 요청에 응답하여 지혜롭고 분별력 있는 마음을 주셨다.

❸ 거룩하고 정결한 것과 그렇지 않은 것을 분간할 수 있다

"내 백성에게 거룩한 것과 속된 것의 구별을 가르치며 부정한 것과 정 한 것을 분별하게 할 것이며"겔 44:23. 포악한 마귀가 기만하는 이 시대에 거룩하고 정결하며 선한 것을 분별하기 위해서는 하나님으로부터 오는 이 은사를 필요로 한다. 이것이 없이는 진실을 파악할 수 없다.

❹ 옳고 그른 것을 분간할 수 있다

바울은 빌립보인들이 지극히 선한 것을 분별하며 의롭게 살아가게 해 주실 것을 기도했다. "내가 기도하노라 너희 사랑을 지식과 모든 총명으 로 점점 더 풍성하게 하사 너희로 지극히 선한 것을 분별하며 또 진실하여 허물 없이 그리스도의 날까지 이르고 예수 그리스도로 말미암아 의의 열매가 가득하여 하나님의 영광과 찬송이 되기를 원하노라"빌 1:9-11. 바울은 사람들이 하나님 앞에서 올바르기를 원했다. 그것은 우리 자신과 성년자녀를 위해 원하는 것이기도 하다.

❺ 하나님의 일들을 이해할 수 있다

바울은 하나님이 성령을 통해 우리에게 은혜로운 일들을 계시하신다고 말했다. "우리가 세상의 영을 받지 아니하고 오직 하나님으로부터 온 영을 받았으니 이는 우리로 하여금 하나님께서 우리에게 은혜로 주신 것들을 알게 하려 하심이라"고전 2:12. 또한 이렇게도 말했다. "육에 속한 사람은 하나님의 성령의 일들을 받지 아니하나니 이는 그것들이 그에게는 어리석게 보임이요, 또 그는 그것들을 알 수도 없나니 그러한 일은 영적으로 분별되기 때문이라"고전 2:14. 내주하시는 성령의 인도를 받는 자들에 의해서만 영적으로 분별될 수 있는 일들이 많다.

다행히도, 우리는 기도로 분별력을 구할 수 있다. "지식을 불러 구하며 명철을 얻으려고 소리를 높이며 은을 구하는 것같이 그것을 구하며 감추어진 보배를 찾는 것같이 그것을 찾으면 여호와 경외하기를 깨달으며 하나님을 알게 되리니"잠 2:3-5.

분별력과 이해력을 얻기 위해 간절히 기도하면, 하나님은 그분에 대한 깊은 경외심과 더불어 그것을 우리에게 주실 것이다. 성년자녀를 위해서도 기도하라.

하나님으로부터 계시를 받도록 기도하라

계시를 받는다는 것은 오직 하나님으로부터 주어지는 지식을 얻음을 뜻한다. 그분은 당신에게 감춰졌던 진리를 이제 드러내신다. 또한 우리가 하나님과 동행하며 기도로 그분과 교류할 때 그분은 자신을 우리에게 계시하신다. 그럴 때 우리는 그분을 더 잘 알 수 있다. 하나님과 그분의 지식을 구할 때 그분은 우리에게 필요한 것을 계시하신다. "주님, 저의 앞날에 대해 계시해 주소서. 제가 어디로 이사해야 합니까? 어느 교회로 가야 합니까? 어떤 사람과 함께해야 합니까?" 그분의 계시를 계속 간구할 때 어느 날 그 계시를 받게 될 것이다.

하나님께 계시를 구해야 하는 4가지 이유

❶ 삶의 비전을 제시한다

우리가 모든 것을 상세히 알게 된다는 뜻이 아니다. 하지만 우리는 복된 미래가 기다리고 있음을 안다. "묵시가 없으면 백성이 방자히 행하거니와 율법을 지키는 자는 복이 있느니라"잠 29:18. 하나님의 계시를 받지 않은 사람은 큰 그림을 볼 수 없고, 따라서 아무런 제재도 받지 않고 자신이 원하는 대로 행한다. 그는 아무런 인도도 받지 않고 미래에 대한 관심도 없기 때문에 절제하지 않는다.

❷ 우리의 존재 목적과 소명을 깨닫게 하신다

그분은 우리를 위해 행하시는 위대한 능력을 계시하신다. 사도 바울은 에베소인들에게 이렇게 전했다. "우리 주 예수 그리스도의 하나님, 영광의 아버지께서 지혜와 계시의 영을 너희에게 주사 하나님을 알게 하시고 너희 마음의 눈을 밝히사 그의 부르심의 소망이 무엇이며 성도 안에서 그 기업의 영광의 풍성함이 무엇이며 그의 힘의 위력으로 역사하심을 따라 믿는 우리에게 베푸신 능력의 지극히 크심이 어떠한 것을 너희로 알게 하시기를 구하노라"엡 1:17-19. 우리 중에 그것을 필요로 하지 않는 사람이 있을까? 성년자녀를 위해서는 물론이고 우리 자신을 위해 계시를 간구해야 하는 것도 바로 그 때문이다.

❸ 올바른 반응을 하도록 도와준다

"명철의 길을 떠난 사람은 사망의 회중에 거하리라"잠 21:16. 계시 없이는 불행한 결정을 내릴 수 있다. 하나님의 계시 없이는 성년자녀가 올바른 선택을 할 수 없을 뿐만 아니라, 아예 아무런 선택을 하지 못하는 경우도 종종 있다. 오늘날의 사회에서는 젊은이들이 아무런 삶의 결정도 내리지 못하는 경우가 너무나 흔하다. 종종 그들은 어디서 일할 것인지, 무엇을 할 것인지, 누구와 결혼할 것인지, 어디로 갈 것인지, 혹은 삶의 중요한 일들을 결정하기 힘들어한다. 그들을 확신 있게 움직이게 하는 것은 하나님의 말씀뿐이다. 계시는 모든 것을 변화시킨다. 하나님의 계시 없이는 그들이 무엇을 해야 할지를 모른다.

❹ 하나님이 누구신지를 우리에게 계시하신다

"너희는 나를 누구라 하느냐"라는 예수님의 질문에, 베드로는 "주는 그리스도시요 살아 계신 하나님의 아들이시니이다"라고 대답했다. 그러자 예수님은 "시몬아 네가 복이 있도다 이를 네게 알게 한 이는 혈육이 아니요 하늘에 계신 내 아버지시니라"고 말씀하셨다마 16:15-17. 베드로가 예수님이 누구신지를 알았던 것은 하나님이 그에게 계시를 주셨기 때문이다. 우리가 간구할 때에도 하나님은 자신을 계시해 주실 것이다. 또한 우리는 성년자녀가 하나님에 관한 계시를 받도록 기도할 수 있다.

예수님은 "아버지 외에는 아들이 누구인지 아는 자가 없고 아들과 또 아들의 소원대로 계시를 받는 자 외에는 아버지가 누구인지 아는 자가 없나이다"라고 말씀하셨다눅 10:22. 하나님에 관한 모든 계시는 예수님이 원하시기 때문에 우리에게 주어지는 것이다.

많은 사람들이 하나님을 믿지 않는 것은 그분에 대한 계시를 받은 적이 없기 때문이다. 주님을 영접했을 때 나는 믿음에 들어섰고, 하나님이 실재하시며 성경 말씀이 진실임을 믿을 기회를 얻었다. 그 후에 내가 하나님의 말씀을 읽고 배우거나, 찬양과 예배를 드리거나, 기도할 때 하나님이 자신을 내게 계시하셨다. 나는 하나님에 대해서와 내 삶에 대해 계시해 주실 것을 간구했고, 하나님은 그 기도를 들어주셨다. 조금씩 그리고 단계적으로, 하나님에 관한 계시가 내 삶의 비전과 목적의식을 제시해 주었다.

당신의 성년자녀가 경건한 지혜와 분별력과 계시를 사모하도록 기도하라. 이것들은 삶을 변화시키며 삶에 큰 유익을 가져다줄 것이다.

주님, 저의 자녀가 성령으로부터 오는 지혜를 갖게 하소서고전 12:8. 그들을 강하게 하시며 미련한 자의 길을 거부하게 하소서. 주의 이름을 모독하지 않는 지혜를 갖게 하시고, 시험당할 때마다 강한 확신을 갖게 하소서. "그들의 입에는 하나님에 대한 찬양이 있고 그들의 손에는 두 날 가진 칼"시 149:6이 있게 하소서.

지혜가 부족하여 구하면 주님이 그것을 주실 것이라고 말씀하셨습니다약 1:5. 저의 자녀에게 지혜의 영을 부어 주소서. 언제나 바른 말을 하고, 경건하고 지혜로운 조언을 구하며, 겸손하게 하시고, 세상 지혜에 이끌리지 않는 지혜를 베푸소서. 위험으로부터 벗어나게 하고 죄악으로부터 지켜 줄 지혜를 주소서. 진리를 깊이 깨달으며, 정보를 정확히 판단할 수 있는 능력을 허락하소서.

저는 주의 말씀이 두 날 가진 칼임을 압니다. 자녀의 마음속에 성경에 대한 사랑과 매일 성경을 읽으려는 열심을 주소서. 주의 말씀을 그들의 마음에 새기셔서 그것이 생명이 되게 하시고, 그 말씀과 계명을 간직하여 생명을 얻게 하소서잠 4:4.

주여, 주께서 "지혜 있는 자는 듣고 학식이 더할 것이요 명철한 자는 지략을 얻을 것이라"잠 1:5고 말씀하셨습니다. 간구하오니, 저의 자녀가 주의 지혜로 가득하여 진리를 듣고 깨달을 수 있게 해주소서. 주님을 경외하는 마음을 갖게 하소서. "지식을 불러 구하며 명철을 얻으려고 소리를" 높여 "여호와 경외하기를 깨달으며 하나님을 알게" 하소서잠 2:3, 5. 범사에 지혜롭게 하셔서 주의 손에 의해 지음 받게 하소서.

솔로몬에게 주셨던 선악을 분별하는 능력을 베푸셔서 거룩함과 부정함, 옳고 그름을 분별하도록 이끄소서. 사람들을 제대로 분간하도록, 영적으로만 분간될 수 있는 것들을 보도록 도우소서고전 2:14.

주여, 저의 자녀에게 그들의 삶을 계시해 주시고, 매사에 그 계시의 안내를 받도록 도와주소서. 그 계시로 그들을 위한 주의 목적과 소명이 무엇인지 보게 하소서. 무엇보다도, 주님이 누구신지를 그들에게 계시하셔서 그 계시가 주님으로부터 온 것임을 알게 하시기를 기도합니다. 예수님의 이름으로 기도합니다. 아멘.

능 · 력 · 의 · 말 · 씀

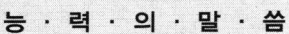

"여호와를 경외하는 것이 지식의 근본이거늘 미련한 자는 지혜와 훈계를 멸시하느니라" 잠 1:7.

"지혜 있는 자의 교훈은 생명의 샘이니 사망의 그물에서 벗어나게 하느니라" 잠 13:14.

"사람이 미련하므로 자기 길을 굽게 하고 마음으로 여호와를 원망하느니라" 잠 19:3.

"지혜를 사모하는 자는 아비를 즐겁게 하여도" 잠 29:3.

"지혜로운 아들은 아비의 훈계를 들으나 거만한 자는 꾸지람을 즐겨 듣지 아니하느니라" 잠 13:1.

4장
자유와 회복, 강건함을 얻도록 기도하라

The Power of Praying for Your Adult Children

하나님은 우리 모두가 자유와 회복과 강건함 가운데서 살아가기를 원하신다. 성장 과정이 어떠했든지, 우리가 어떤 경험을 하며 살아 왔든지 우리 모두는 자유로워질 필요가 있다. 자녀도 마찬가지다. 설령 그들이 최고의 가정에서 양육되더라도, 여전히 그들은 그리스도 안에서 자유로워지고 더욱더 주님을 닮을 필요가 있다.

성년자녀는 잘못된 생각, 부정적인 감정, 죄악된 행동과 태도, 또는 현재까지 악영향을 미치는 과거의 일들에 사로잡히기 쉽다. 그들은 그 모든 속박으로부터의 자유를 필요로 한다. 그들은 그들을 강탈하고 멸망시키려 애쓰는 영적인 대적의 압박을 경험할 수도 있다. 그래서 오직 하나님께만 있는 구원과 회복을 얻어야 한다.

그들의 삶에 어떤 일이 일어나든, 그들은 그리스도의 형상으로 변화

될 필요가 있다. 그런 변화 없이는 강건해질 수가 없다. 복된 소식은 우리의 성년자녀를 속박하는 그 어떤 것보다도 하나님이 더 위대하시다는 사실이다. 또한 하나님은 축복에서 멀어지게 하는 모든 것으로부터 그들을 자유롭게 할 계획도 갖고 계신다.

내가 가장 좋아하는 성경 구절 중 하나는 "주는 영이시니 주의 영이 계신 곳에는 자유가 있느니라"_{고후 3:17}이다. 이것은 삶을 변화시키는 너무나 아름답고 간명한 말씀이다. 이 구절은 하나님의 영이 자유의 영이시라고 말한다. 하나님의 성령의 임재 속에 있을 때 우리는 우리를 결박하고, 눈멀게 하고, 지음 받은 목적에 부합하지 않도록 막는 것들로부터 자유로워진다. 여기서 열쇠는 '주님의 임재'이다.

물론 주님이 우리의 삶에 가져다주시는 모든 것을 온전히 이해할 수 있는 사람은 아무도 없다. 그러나 자유를 찾는 방법은 복잡하지 않다. 단지 그분의 임재 속에 있으면 된다. 주님을 떠나면 참된 자유도 없다.

변화는 하나님의 임재 속에서 일어난다. 하나님의 영과 교제를 나눌 때 우리는 자유를 발견할 수 있다. 가능한 한 많이 그분의 임재 속에 거해야 하는 것도 바로 그 때문이다. 성년자녀가 모든 자유와 해방, 구원, 회복, 변화, 강건함을 발견하기 위해 성령의 임재를 이해하고 사모하도록 기도할 필요가 있다.

자유와 해방

1장에서 우리의 첫 번째 기도는 자녀에게 성령을 부어 주시도록 간구하는 것이었다. 그들에게 성령이 임하실 때 그분은 여러 가지 놀랍고 중요한 은사들을 그들의 삶 속에 베푸신다. 성령의 영화로우신 면 중 하나는 바로 '자유'이다.

당신은 이렇게 생각할지도 모른다. '자녀에게 성령이 임하시도록 이미 간구했다면, 왜 우리는 자유의 영이 그들을 해방시키시도록 다시 기도해야 하는가?' 이 질문에 대한 답은, 특별히 필요할 때에는 특별히 기도해야 한다는 것이다. 우리는 성년자녀가 성령의 모든 역사에 마음 문을 열도록 기도할 뿐만 아니라, 특히 어떤 것으로부터 성령이 그들을 해방시키시도록 기도해야 한다. 성령의 역사를 거부하는 자에게는 그분이 역사하지 않으신다. 하나님은 성령을 우리에게 부어 주시지만, 우리를 강제로 해방시키지는 않으신다. 만일 우리가 원하지 않는다면 그분은 우리를 해방시키지 않으실 것이다.

성년자녀를 위한 기도가 중요한 것도 바로 이 때문이다. 우리는 그들이 자유로워지기를 원하도록 강요할 수 없다. 부모인 우리는 자녀가 어떤 것들에서 벗어나기를 바라지만, 그들의 시각은 다르다. 그들은 자신의 나쁜 습관이나 나쁜 영향 또는 나쁜 선택을 좋아하는 경향이 있다. 우리의 기도는 그들로 하여금 자유로워질 필요가 있음을 그리고 무엇으로부터 자유로워져야 하는지를 자각하도록 도와준다. 또한 우리의 기도는 그들의 마음을 고무시켜 자유를 원하게 할 수 있다.

성령이 해방과 자유의 영이심을 진정으로 이해할 때 그들은 성령의 임재를 구할 것이다. 그리고 성령 임재의 능력에 의해 지옥의 결박이 깨트려짐을 깨달을 때, 그들은 성령의 임재를 방해하는 모든 것을 자신의 삶에서 제거하려고 노력할 것이다.

예수님은 회당에 들어가서 이사야의 글을 읽으셨다. "주의 성령이 내게 임하셨으니……포로 된 자에게 자유를……"눅 4:18. 이 구절에서 예수님이 말씀하신 다른 중요한 내용들도 있지만, 본장의 목적상 "포로 된 자에게 자유를"이라는 말에 초점을 맞추도록 하자. 이 구절을 읽은 후 예수님은 "이 글이 오늘 너희 귀에 응하였느니라"고 말씀하셨다21절.

이는 예수님이 그 성경 말씀을 성취하셨음을 뜻한다.

하나님은 포로들에게 자유를 선언하도록 예수님에게 기름을 부으셨다. 이 자유와 해방은 오직 하나님 이외의 모든 것으로부터 벗어나야 함을 뜻한다. 하나님이 우리의 삶 속에서 이루기 원하시는 모든 일들은 더 이상 제한되지 않는다. 주님을 영접할 때 우리는 죄의 노예 상태로부터 즉시 해방되고 의의 종이 된다롬 6:18. 또한 그렇게 하지 못하게 하는 모든 것으로부터 벗어날 수 있다.

당신의 자녀는 주님과 그분의 규례들을 알면서도 어떤 사람이나 영향에 사로잡힐 수 있다. 해방되어야 할 어떤 것, 즉 그릇된 사고방식이나 태도, 나쁜 습관, 불경건한 사람, 혹은 불건전한 영향이 자녀에게서 구체적으로 발견되면, 하나님이 마련하신 자유를 그들이 찾을 수 있도록 기도하라. 자녀가 무엇으로부터 벗어나야 하는지 확실하지 않다면 그것을 계시해 주실 것을 하나님께 간구하라.

종종 부모들은 자녀가 벗어나야 할 것들을 가장 늦게 알아차린다. 자녀가 그런 것들을 부모에게 최대한 숨기려 하기 때문이다. 성년자녀에 대해 알아야 할 것들을 우리가 모두 알 수는 없다. 오직 하나님만이 아신다. 하지만 우리가 간구할 때 하나님이 알려 주실 것이다. 어떻게 기도할지에 대해서도 알려 주실 것이다.

우리가 성년자녀를 위해 할 수 있는 가장 큰 일 중 하나는 우리 자신을 해방시키는 것이다. 이것은 우리가 그들에게 남겨 주는 영적 유산의 일부이다. 나는 의인들의 자녀와 불의한 자들의 자녀가 유아기로부터 성년에 이르기까지 자라는 과정을 지켜보았다. 하나님의 방식대로 사는 신자의 자녀는 불신자의 자녀에게서 볼 수 없는 귀한 축복이 보였다. 의인의 자녀에게서는 깊이, 안전감, 영혼의 풍성함, 성취, 그리고 생명의 느낌이 난다. 나는 완벽한 자의 자녀에 대해 말하는 것이 아니다. 한 치의 실수도 하지 않는 부모의 자녀에 대해 말하는 것도 아니다. 나는 의인의 자녀에 대해 말하고 있을 뿐이다. 당신의 의는 당신 안에 계시는 예수님으로 말미암는 것이다. 당신이 예수님을 마음속에 초청할 때마다, 당신이 잘못된 길로 갔다가 그분께로 돌이킬 때마다 '당신 안에 계신 예수님'은 언제든 시작하실 수 있다.

의로운 삶, 즉 하나님의 방식대로 사는 삶의 축복은 자녀에게로 전해질 수 있다. 당신의 내면에서 성령의 활동을 방해하는 것으로부터 벗어날 때에는 더욱 그럴 것이다. 당신이 그런 것으로부터 벗어날 경우에 성년자녀의 삶에도 영향을 줄 것이다. 설령 그들이 현재로서는 자유롭지 못하더라도, 당신의 자유는 그들이 자유를 찾는 일을 더 쉽게 만들 것이다. 왜냐하면 그들은 그것이 가능함을 보고 자신도 할 수 있다는 믿음을 갖기 때문이다.

또한 당신이 무엇인가로부터 자유로워질 때 영적인 영역에서 제거된 어떤 것이 물리적인 영역에서도 강력한 영향을 미친다. 예를 들어, 성령의 능력으로 알코올 중독에서 벗어나고 있는 부모는 같은 문제에서 벗어나려고 애쓰는 성년자녀에게도 큰 영향을 미친다.

십계명의 첫 번째 계명은 "너는 나 외에는 다른 신들을 네게 두지 말라"이다. 두 번째 계명은 이러하다. "너를 위하여 새긴 우상을 만들지 말고……그것들에게 절하지 말며, 그것들을 섬기지 말라. 나 네 하나님 여호와는 질투하는 하나님인즉 나를 미워하는 자의 죄를 갚되 아버지로부터 아들에게로 삼사 대까지 이르게 하거니와, 나를 사랑하고 내 계명을 지키는 자에게는 천 대까지 은혜를 베푸느니라"출 20:3-6.

당신은 내가 이 계명을 처음 읽었을 때처럼 생각할 수도 있다. '이것은 나와는 상관없어. 나는 금송아지를 새긴 적이 없고 사람의 손으로 만든 형상에게 절하지도 않았어.' 하지만 우리의 마음속에는 마음으로 절하고 싶은 여러 우상들이 있을 수 있다. 우리는 자신이나 자녀가 지니거나 실현해야 한다고 생각하는 것에 대한 개념들을 마음속에 새기며, 그 우상들을 날마다 마음속으로 높이고 심지어 하나님의 뜻보다 더 높인다. 우리가 원하는 것이 하나님이 원하시는 것보다 더 중요해질 때 그것은 마음속에 우상으로 자리 잡는다. 누구나 그런 감춰진 죄에 쉽게 빠져들 수 있다.

두 번째 계명은, 하나님을 사랑하지 않고 그분의 방식대로 살지 않는 부모의 죄의 결과들이 삼사 대 자손까지 이를 것이라고 경고한다. 물론 "저와 우리 가정은 주님을 늘 섬길 것입니다. 따라서 이 죄와 죄의 결과들이 이제 멈춰지게 해주실 것을 예수님의 이름으로 기도합니다."라고 기도하는 자손에게는 그 죄악의 저주가 임하지 않을 것이다.

당신이 깨트려야 할 것이 무엇인지, 당신이 하나님의 뜻과 계명에 어떻게 불순종하고 있는지 알려 주실 것을 간구하라. 그리고 하나님 이외의 그 무엇을 섬기고 있는지 계시해 주시도록 간구하라. 우리가 모든 죄의 흔적으로부터 정결해질 때 그 죄의 성향을 자녀에게 물려주지 않게 된다.

위의 말씀에서 가르치듯이, 부모의 죄악이 자손들에게 영향을 미치는 것 이상으로, 부모의 의로 인한 축복도 자손들에게 미칠 것이다. 달리 말해서, 만일 우리가 악행의 결과를 물려준다면 옳은 행실에 따른 결과도 물려줄 것이다. "나를 사랑하고 내 계명을 지키는 자에게는 천 대까지 은혜를 베푸느니라" 출 20:6 는 말씀의 뜻이 바로 이것이다. 다행히도, 언제든지 하나님의 은총을 얻기 위해 그분을 사랑하며 그분의 방식대로 살기 시작할 수 있다. 당신의 자녀에게 무슨 일이 일어났든, 무슨 일이 일어나고 있든 주님의 해방과 치유와 구속이 이적적인 방법으로 상황을 변화시키기에 너무 늦지는 않다. 그것은 당신에게서 시작될 수 있다.

당신은 사랑이 없고 침울하며 무기력한 모습에 대한 기억을 자녀에게 전해 주기를 원하지 않을 것이다. 주님과의 아름답고 열정적이며, 소망으로 가득하고 흥미롭고 생생한 관계를 그들에게 보여 주기 원할 것이다. 또한 성년자녀가 하나님을 전능하신 분으로 알기를 원할 것이다. 벗어나야 할 것을 무엇이든 계시해 주실 것을 하나님께 기도하라. 그런 후에 자유롭게 하시는 성령의 임재를 간구하라.

구원과 회복

진리를 알면 자유로워질 수 있다. 예수님은 "너희가 내 말에 거하면 참으로 내 제자가 되고 진리를 알지니 진리가 너희를 자유롭게 하리라"요 8:31-32고 하셨다. 성경을 읽고 성령이 그 말씀을 깨닫게 하실 때 우리는 자유로워질 수 있다. 자녀가 자유롭게 하는 진리를 알게 되기를 기도하라.

우리가 무엇인가에 의해 단단히 속박되어 그 족쇄를 풀어 주실 구주 예수님을 필요로 하는 때도 있다. 구원은 우리를 사로잡은 것으로부터 벗어남을 뜻한다. 그것은 우리를 주님으로부터 분리시키는 어떤 사람이나 어떤 것으로부터 구출됨을 뜻한다. 예수님은 죄와 사망과 지옥으로부터 우리를 구원하셨다. 그래서 우리가 그분을 영접할 때 그런 구원을 얻는다. 하지만 우리 자신의 죄악 된 생각과 부주의함으로 인해 우리는 다시 죄의 속박에 매여서 그것으로부터 구원받을 필요가 있다.

또한 예수님은 "죄를 범하는 자마다 죄의 종"이지만 "아들이 너희를 자유롭게 하면 너희가 참으로 자유로우리라"고 말씀하셨다요 8:34-36. 예수님의 형제인 야고보는 "너희가 얻지 못함은 구하지 아니하기 때문이요"약 4:2라고 말했다.

하나님께 간구할 때 그분은 우리를 구원하실 뿐만 아니라, 하나님의 뜻을 거스르도록 얽매는 모든 것으로부터 자녀를 해방시키신다. 하지만 그들이 자유로워지기를 원해야 한다. 모든 죄를 제거하기를 원해야 한다. 만일 당신의 자녀가 얽매는 것들로부터 자유로워지기를 원하지 않는다면 그들의 눈을 열어 필요성을 보게 해주실 것을 기도하라.

아무 잘못을 저지르지 않았음에도 구원을 필요로 할 때도 있다.

예수님이 십자가에 못 박히고 부활하신 후 헤롯왕이 교회를 핍박했다. 그는 사도 야고보를 죽였다. 그런 후에 베드로를 체포하여 유월절이 끝나자마자 죽이려 했다. 감옥에서 베드로는 두 병사들 틈에서 쇠사슬에 매였고, 16명의 병사들이 주위에서 그를 감시했다. 그 시점에 신자들은 베드로를 위해 계속 기도했다. 그러자 하나님은 기적적인 방법으로 베드로를 구해 내셨다. 신자들의 부단한 기도가 베드로에게 구원과 자유를 가져다준 것이다.

나는 복음 전도에 매우 열심인 교회에 다닌다. 우리는 미국 내에 그리고 전 세계에 걸쳐, 특히 그리스도인이 되기가 몹시 위험한 지역들에서 교회들을 개척한다. 나는 현지의 목회자들이나 심지어 해당 나라들조차 언급할 수 없다. 그들과 가족에게 위험이 닥칠 수 있기 때문이다. 한 목사가 그리스도인에게 가장 위험한 나라 중 한 곳에서 교회를 개척했다. 편의상 그의 이름을 윌리엄이라고 하자. 그 교회는 은밀하게 성장해 갔지만, 윌리엄은 어떤 사람에게 예수님을 전하다가 결국 체포되었다. 그 나라에서 그런 일을 하면 사형을 당한다. 그는 변호사나 배심원도 없이 재판을 받았다. 오직 판사 한 명이 그의 운명을 결정할 참이었다. 물론 그는 유죄 판결과 사형 선고를 받았다.

우리 교회는 윌리엄과 그의 가족을 위해 뜨겁게 기도했고, 전 세계에 있는 자매 교회들도 기도했다. 우리는 그룹별로, 특별 기도회로, 그리고 개인적으로 기도했다. 윌리엄의 사형 선고 소식을 들었을 때, 우리는 최악의 상황에 대비하면서도 그의 석방을 위해 열정적으로 계속 기도했다.

그러던 어느 날 기쁜 소식이 들렸다. 윌리엄의 담당 판사가 다른 사람으로 바뀌었고, 그가 첫 번째 판사의 판결을 갑자기 번복했다는 소식이었다. 하나님이 하신 일에 우리 모두는 놀랐다. 절대적으로 불가능한 상황이었지만, 하나님은 절대적인 기적을 행하셨다.

신자들의 기도에 응답하여 베드로와 윌리엄을 위해 놀라운 기적을 행하셨던 하나님이 당신의 성년자녀를 어떤 상황에서든 구해 내지 못하시겠는가? 당신의 자녀와 관련하여 하나님께는 불가능한 일이 하나도 없다.

만일 성년자녀가 대적에 의해 투옥되거나 대적이 그 자녀의 목숨을 빼앗으려 한다면, 더욱 간절히 기도할 필요가 있다. 기도 지원 부탁하기를 주저하지 말라. 끊임없는 기도는 당신과 성년자녀의 자유와 구원을 위한 열쇠이다. 하나님은 기도에 응답하여 전투의 승패를 변경시키실 수 있다. 둘 이상이 합심하여 기도할 때는 특히 그러하다.

투옥되어 사형 집행을 눈앞에 둔 자들 중에 베드로와 윌리엄만큼 절망적이었던 사람도 없을 것이다. 하지만 그들 둘 다 신자들의 부단한 기도에 대한 응답으로 성령의 능력에 의해 풀려났다. 사람들이 베드로를 위해 기도하고 있던 시간에, 하나님은 감옥을 환하게 밝히셨다. 하나님이 당신의 성년자녀가 갇힌 감옥 속에 빛을 비추어 그들로 하여금 밝히 보고 성령을 따라 자유로 나아가게 하시기를 기도하라.

구원과 함께 하나님은 우리가 어떤 것에 속박됨으로 인해 잃어버렸던 모든 것을 회복시키실 것이다. 이는 황충에게 먹힌 세월을 그분이 회복시키심을 뜻한다. 마귀에게 자신의 삶을 삼키운 사람에게 이것은 복된 소식이다. 당신이나 성년자녀의 삶에서 삼키운 것이 잃어버린 세월, 잃어버린 기회, 잃어버린 관계, 잃어버린 건강, 잃어버린 능력, 잃어버린 자유든 무엇이든 당신은 하나님께 회복을 간구할 수 있고, 하나님은 회복시켜 주실 것이다.

회복이란, 성년자녀가 20세부터 10년 동안 곤경에 처했을 경우에 하나님이 그를 다시 20세로 만들어 주심을 뜻하는 것은 아니다. 그것은 곤경에서 그를 건져 내신 하나님이 그리스도 안에서 새로운 기회와 새로운 건강과 새로운 관계와 새로운 능력과 새로운 자유를 제공하심을 뜻한다. "의인의 자손은 구원을 얻으리라"잠 11:21고 성경은 말한다. 이는 우리의 성년자녀가 속박에서 벗어날 것임을 뜻한다. 하지만 그들은 주께로 돌이켜야 한다. "여호와여 우리를 주께로 돌이키소서 그리하시면 우리가 주께로 돌아가겠사오니 우리의 날들을 다시 새롭게 하사 옛적 같게 하옵소서"애 5:21. 성년자녀가 늘 주께로 돌이켜 회복되게 해주시기를 기도하라.

하나님께 나아가면서 우리가 갖는 확신은 "그의 뜻대로 무엇을 구하면" 그분이 들으신다는 것이다. "우리가 무엇이든지 구하는 바를 들으시는 줄을" 우리는 믿는다요일 5:14-15. 그분의 뜻대로 구하는 것이 열쇠이다. 우리가 기도할 때 하나님의 뜻을 알기 위해서는 하나님의 계시와 말씀을 필요로 한다. 우리는 그것도 구할 수 있다.

변화와 강건함

무엇인가가 상해 있을 때 삶에 문제가 생긴다. 하나님이 상한 사람들, 상한 마음, 상한 생각, 상한 심령을 치유하시는 것도 바로 그 때문이다. 그분은 우리 삶의 상한 부분들을 다시 회복시킬 뿐만 아니라, 그 부분들로부터 아름답고 선한 무엇인가를 만들기도 하신다. 그처럼 강건해지기 위해 우리는 하나님이 원하시는 변화를 제한하는 모든 것으로부터 자유로워져야 한다.

성년자녀가 강건하다는 것은 그들이 주님 안에서 어떤 존재인지, 하나님이 그들을 어떤 존재로 지으셨는지, 그리고 하나님이 그들에게 베풀기 원하시는 은사들이 무엇인지를 건전하게 깨달음을 뜻한다. 그것은 그런 계시를 방해하는 모든 것으로부터 벗어남을 포함하고, 하나님의 임재 속에 거함을 뜻한다.

최고의 기독교 가정에서 성장한 자녀라도 그들이 유년 시절과 십대를 지나면서 아무런 상처도 입지 않기는 힘든 일이다. 누군가의 말이나 행동이, 또는 그들이 보거나 경험했던 어떤 일들이 그들의 마음에 상처를 줄 수 있다. 치유와 회복을 받지 못한 채 방치된 상처 입은 인간관계는 그들의 모든 관계에, 특히 하나님과의 관계에 영향을 미칠 수 있다. 만일 성년자녀가 마음의 상처를 입은 적이 있다면, 당신은 그들이 모든 나쁜 기억들로부터 벗어나게 되기를 기도할 수 있다.

나는 상처 입은 자들이 부모의 기도로 인해 자유와 회복을 얻는 것을 많이 보았다. 하나님은 기도에 강력하게 응답하신다. 기도하는 부모가 없는 사람은 자유를 얻지 못한다는 말은 아니다. 만일 그렇다면 오늘날의 내가 존재하지 않을 것이다.

나는 정신적으로 병약한 어머니의 학대 속에서 자랐다. 나는 어린 시절의 고통으로부터 벗어나려고 백방으로 노력했지만, 더 깊은 낙심과 분노와 두려움과 좌절감에 빠져들 뿐이었다. 매일 나의 삶이 깊고 캄캄한 구덩이 속으로 가라앉는 것을 느꼈고, 거기서 결코 빠져나올 수 없을 것 같았다.

나를 주님께로 이끈 것은 다른 사람들의 기도였다. 다른 사람들의 기도를 통해 주님이 나를 그 구덩이로부터 건져 내셨다. 낙심과 두려움과 불안에서 벗어나게 하셨고, 내 삶을 철저히 변화시키셨다. 그리고 나를 강건하게 만드셨다. 너무나 오랜 세월을 잘못된 방식으로 살았지만, 하나님은 내가 생각지도 못했을 정도로 그 세월을 회복시키셨다. 만일 하나님이 나를 위해 그렇게 하셨다면, 부모의 열렬한 기도 지원을 받는 사람을 위해서는 더욱 그리하실 것이다.

주님 안에서 우리의 심령을 새롭게 할 때마다 우리는 점점 더 그리스도의 형상으로 변해 간다. 우리 앞에 놓인 길이 멀지만, 변화의 순간마다 우리는 점점 더 강건해진다.

이 모든 사실은 당신과 당신의 자녀에게 무슨 의미일까? 이는 그들을 얽매는 것이 무엇이든 당신의 기도가 치유와 회복의 도구일 수 있음을 뜻한다. 물론 당신의 자녀가 스스로 해야 할 일들도 있다. 베드로가 감옥에서 풀려나기 전에 겉옷을 입어야 했듯이, 당신의 성년자녀도 스스로 옷을 입어야 할 것이다.

그들이 의와 찬양과 겸손과 믿음의 옷을 입도록 기도하라. 하나님은 기도 효력이 나타날 때까지 계속 기도하는 당신의 믿음과 의와 찬양과 겸손을 귀하게 여기실 것이다.

능 · 력 · 의 · 기 · 도 The Power of Praying for Your Adult Children

주여, 저의 자녀가 주 안에서 자유와 해방을 찾을 수 있기를 기도합니다. 그들을 주님으로부터 분리시키는 모든 것에서 벗어나게 하소서. 그들이 자신의 죄로 인해 감금되었든, 대적의 거짓말과 계략이 그들을 가두었든 그들을 해방시켜 주소서. 만일 잘못된 사고방식이나 불경건한 믿음으로부터 벗어날 필요가 있다면, 그리스도 안에서 자유를 찾도록 도와주소서.

저의 자녀가 어떤 면에서 자유로워져야 하는지 저는 알 수 없지만, 주님은 아십니다. 밝혀져야 할 곳에 주의 빛을 비추소서. 그들을 붙잡는 것이 무엇인지 알려 주소서. 주님의 뜻에서 멀어지게 하는 모든 것으로부터 벗어나도록 기도하는 법을 알려 주소서.

주님, 저의 자녀를 얽매는 그 어떤 것보다 주님이 더 위대하심을 알고 있습니다. 주님은 그들을 위해 온전히 자유로운 삶을 계획하고 계십니다. 주님이 계신 곳에 자유가 있음을 이해하게 하소서고후 3:17. 주님의 임재 속에서만 발견될 수 있는 변화를 찾도록 도와주소서.

말씀과 기도와 찬양과 예배 속에서 주님의 임재를 찾도록 자녀를 가르쳐 주소서. 자유롭게 하는 진리를 말씀 속에서 깨닫도록 도와주소서. 그들의 삶 속에서 죄에 대한 진리를 깨닫도록 도와주소서. 대적이 그들을 억압할 때, 그들의 눈을 밝혀 상황을 제대로 파악할 수 있게 하소서. 그들에게 억울한 판결이 선고될 때 기적적으로 개입하셔서 그들을 해방시킬 수 있는 분이 바로 주님임을 깨닫게 하소서.

예수님은 "포로 된 자에게 자유를……눌린 자를 자유롭게" 눅 4:18 하려고 오셨다고 말씀하셨습니다. 저의 자녀를 사로잡은 것이 무엇이든 그들을 풀어 주소서. 대적의 억압으로 고통당하는 그들을 구원해 주소서. 그들을 공격하기 위한 대적의 요새를 무너뜨리소서.

주님, 저의 자녀를 위해 제가 할 수 있는 가장 큰 일 중 하나가 저 자신을 해방시키는 것임을 알고 있습니다. 저 자신을 얽매는 것이 무엇인지 보여 주소서. 주께 속하지 않은 어떤 것을 제가 품고 있는지 보여 주셔서 거기서 벗어나게 하소서. 제 속에서 역사하시는 주의 성령을 방해하는 모든 것으로부터 구원하소서. 자녀가 제가 누리는 자유를 보고 자유를 갈망하게 하소서. 제가 주님과의 역동적인 관계를 유지하여 그들에게도 같은 열망이 스며들기를 원합니다. 제가 항상 주의 방식대로 살아감으로써 저와 자녀가 주의 은총의 열매를 거두게 하소서 출 20:6. 주님의 규례에 따라 살아가는 제 삶의 축복들이 그들에게도 흘러들게 하소서.

부서진 제 자녀의 삶을 강건하게 고쳐 주소서. 잃어버린 모든 것을 회복시켜 주소서. 주님의 뜻에 합당하게 강건해질 수 있도록 그들을 변화시키소서.

그들이 풀려 났다면 그 자유를 유지하도록 도와주소서. 다시 얽매이지 않도록 지켜 주소서. 저는 주의 성령의 능력으로 자녀에게 "그리스도께서 우리를 자유롭게 하려고 자유를 주셨으니 그러므로 굳건하게 서서 다시는 종의 멍에를 메지 말라" 갈 5:1고 말합니다. "하나님이여 주는 하늘 위에 높이 들리시며 주의 영광이 온 땅에서 높임 받으시기를 원하나이다 주께서 사랑하시는 자들을 건지시기 위하여 우리에게 응답하사 오른손으로 구원하소서" 시 108:5-6.

예수님의 이름으로 기도합니다. 아멘.

능 · 력 · 의 · 말 · 씀

"그가 나를 사랑한즉 내가 그를 건지리라……그가 내게 간구하리니 내가 그에게 응답하리라 그들이 환난 당할 때에 내가 그와 함께하여 그를 건지고 영화롭게 하리라 내가 그를 장수하게 함으로 그를 만족하게 하며 나의 구원을 그에게 보이리라" 시 91:14-16.

"여호와께서는 갇힌 자들에게 자유를 주시는도다" 시 146:7.

"여호와의 천사가 주를 경외하는 자를 둘러 진 치고 그들을 건지시는도다" 시 34:7.

"싸울 날을 위하여 마병을 예비하거니와 이김은 여호와께 있느니라" 잠 21:31.

"자기의 마음을 믿는 자는 미련한 자요 지혜롭게 행하는 자는 구원을 얻을 자니라" 잠 28:26.

5장
비전과 목적의식을 갖도록 기도하라

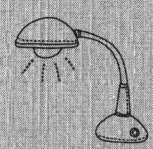

The Power of Praying for Your Adult Children

오늘날 성년자녀들 사이에서 자신의 삶의 목적에 대한 혼란이 급속히 퍼져 나가고 있다. 그런 혼란의 주요 원인 중 하나는 그들이 하나님으로부터 받는 정보보다 세상으로부터 받는 정보가 훨씬 더 많아서이다. 세상의 방식은 종종 혼란스러운 반면에, 하나님의 방식은 명료하다. 또한 하나님의 방식대로 사는 삶이 더 명쾌하다.

예를 들어, 하나님의 말씀을 읽기만 해도 혼란이 해소될 수 있다. 하지만 많은 성년자녀들이 TV를 보거나, 컴퓨터를 만지거나, 다른 오락들에 몰두하느라고 시간을 너무 많이 허비한다. 성경을 읽는 시간이 너무 적다. 하나님으로부터 얻는 정보보다 대중매체로부터 받는 것이 더 많으면 목적의식 없이 방황하기 쉽다. 하나님의 음성이 흐릿해질 때 그들은 참된 안내를 받지 못하고 잘못된 방향으로 향하기 쉽다.

목적의식을 지니고 산다는 것이 꼭 무엇을 해야 하는지 그리고 어디로 가야 하는지 상세히 앎을 뜻하지는 않는다. 다만 그것은 어떤 특정한 사항들에 대해서는 어렴풋이나마 앎을 뜻한다. 그런 사람은 자신이 이루고 싶은 삶을 '정확히' 알지 못할 수도 있지만, 예를 들어 전문적인 교육을 받기 위해 대학이나 직업학교로 진학하기를 원할 수는 있다. 하나님의 인도를 받지 않는 자들은 목표 없이 방황하거나 그릇된 어떤 것을 추구하여 소중한 세월을 허비하고 만다. 무엇을 할지에 대해 하나님의 인도를 받지 못하는 자들은 발길 떼기를 두려워하며 실패의 두려움 때문에 아무것도 하지 못할 수도 있다. 반면에 하나님의 인도를 받는 자들은 실패의 가능성을 인정하더라도 하나님의 부르심을 믿고 계속 앞으로 나아간다.

중학교와 고등학교에서의 경험들이 십대의 목적의식을 크게 해칠 수 있다. 그들이 어떤 이유로 인해 놀림이나 굴욕을 당하면 자의식이 무너진다. 동료 학생들에게 따돌림을 받는다고 느낄 경우, 그들은 자신의 독특한 재능과 은사들을 발견하거나 소중히 여기기 힘들 수 있다. 매일이 시련의 연속이며 그들이 생존을 위해 발버둥칠 뿐이라면, 그들은 목적의식을 세우기 힘들다.

우리 딸 아만다는 고등학생 때 독서 장애로 인해 많이 고민했다. 하지만 아만다는 그것을 기적적으로 극복했고 지금은 전혀 불편하지 않다. 하지만 이렇게 되기까지는 진지한 과정과 뜨거운 기도가 있었다.

여러 해 동안 딸이 자택 학습을 시켜 달라고 내게 부탁했었지만, 나는 딸의 지적 능력을 믿었기 때문에 그러고 싶지 않았다. 나는 딸이 다른 아이들과 함께 학교에 다니면서 사회성을 키울 필요가 있다고 생각했다. 그러나 내 생각은 옳지 않았다. 딸에게는 학교생활이 너무나 괴로운 것이었다. 고등학교 2학년 말경에 아만다는 자택 학습을 다시 간청했다. 나는 여러 해 동안 딸의 마음속에 쌓여 온 엄청난 상처가 실패와 굴욕감임을 알 수 있었다.

아만다는 학교에서 대부분의 급우들보다 더 열심히 공부했지만 그 결과는 좋지 않았다. 또한 아만다는 어릴 적에 풍성히 지녔었던 공부의 기쁨을 모조리 잃고 말았다. 나는 잘해 낼 수 있을지 의심스러웠지만 자택 학습을 맡아야 했다. 나는 역사, 지리, 과학, 작문, 성경 같은 과목들을 가르칠 수 있다고 생각했다. 이들은 내가 좋아했던 과목이기 때문이다. 하지만 수학에 대해서는 염려스러웠다. 새로운 수학을 내가 따라잡기에는 역부족이었다. 그래서 나는 남편과 딸과 함께 기도했고, 하나님은 훌륭한 가정교사를 구하는 우리의 기도에 응답하셨다.

자택 학습은 아만다에게 아주 유익했다. 역사 과목은 우리 둘 다에게 생기를 주었다. 우리는 역사적으로 유명한 유적들을 보기 위해 멋진 견학 여행도 했다. 재미로 책을 읽고 연구논문과 에세이를 멋지게 쓰게 되면서 아만다는 공부에 재미를 붙였다. 매일 성경을 함께 공부했고, 아만다의 삶의 목적과 장래에 대해 기도했다. 나는 딸의 학습 의욕이 다시 한 번 꽃피는 것을 보기 시작했다.

고등학교 졸업 후에 아만다는 한 지방 대학의 음악과에 들어갔다. 딸은 어릴 적부터 노래를 무척 잘했다. 전교 재능대회에서 우승했고, 뮤지컬 주연 배우 중 하나였고, 한동안 백그라운드 보컬로 활약했으며,

두 명의 가수들과 함께 앨범을 내기도 했다. 마이클과 나는 그런 방향으로 나가는 딸을 언제나 격려했다. 딸의 그러한 재능을 천부적인 은사로 여겼기 때문이다. 하지만 딸은 압박감과 경쟁, 그리고 외모와 재능에 대한 부단한 평가를 싫어했다. 딸은 단순하고 평안한 삶을 원했고, 음악 산업은 심지어 기독교 음악 산업마저 단순하지 않았다. 딸에게는 음악과 관련한 목적의식이 없었다.

아만다는 점원으로부터 웨이트리스에 이르기까지 여러 가지 직업들을 파트타임으로 경험했고, 매번 좋은 경험을 했다. 가족을 부양하기 위해 풀타임 직장에서 열심히 일하는 사람들을 깊이 존경하게 되었기 때문이다. 여전히 딸은 자신의 삶에 대한 비전을 분명하게 갖지 못했다. 다만 자신의 파트타임 직업들이 궁극적인 목적이 아니라 수단에 불과하다는 결론에 도달했을 뿐이다.

어느 날 나는 아만다와 함께 기도하고 있었다. 아만다의 눈을 열어주실 것을 간구하는 기도였다. 그때 갑자기 아만다가 앞으로 무엇을 해야 할지 깨닫게 되었다. 물리치료로 사람들을 도와야 한다는 것이었다. 그것은 내가 이전에 아만다에게서 보고 그 아이에게 말했었던 은사였다. 내가 물리치료사의 도움을 많이 받았었고, 아만다는 그것을 보면서 자랐기 때문에 다른 사람의 고통을 줄이는 법에 익숙했다. 또한 아만다는 물리치료의 치유력을 믿었다.

아만다는 물리치료과가 있는 학교에 등록했다. 자신의 분야를 제대로 찾은 것이다. 아만다는 강사들을 좋아했고, 다른 학생들과도 잘 어울렸다. 이제 여러 종류의 물리치료법들을 열심히 공부하고 있다. 모든 것이 순조로웠고 아만다를 위한 길들이 연이어 열렸다. 딸은 다친 사람들을 치료하는 것이 자신의 피조 목적이라고 느낀다. 목적의식이 딸을 변화시켰다.

성년자녀에게서 분명한 목적의식을 보는 것은 참으로 만족스러운 일이다.

목적의식이 결여되어 있다면

당신의 자녀는 아기 침대에서 일어선 때로부터 목적의식을 지녔을 수도 있다. 30세인 성년자녀가 다섯 번째 직장에도 적응하지 못하여 집에서 빈둥거릴 수도 있다. 혹은 잘못 들어간 첫 직장을 도무지 그만두지 못하고 있을 수도 있다. 그런 자녀를 위해 매달 한 번씩 금식기도를 할 필요가 있을 것이다. 삶의 비전과 소명과 목적을 갖지 못하게 하는 장벽들을 허물어 주실 것을 하나님께 간구하라.

목적의식 없이 흘러가는 대로 지내는 성년자녀는 위험하다. 습관적으로 술을 마시거나, 범죄를 저지르거나, 걸핏하면 성을 내는 아이들은 목적의식을 갖고 있지 않다. 목적의식이 있다면 그 목적에 위배되는 짓을 하지 않을 것이다. 하나님이 원하시는 길을 이탈하려 하고 싶지 않을 것이다. 물론 이것은 극단적인 예들이다.

만일 성년자녀에게 목적의식이 없는 것 같아도 너무 염려하지 말라. 대신에 당신의 기도로 인해 하나님이 목적의식을 갖게 해주실 것을 신뢰하라. 당장 그렇게 되지 않더라도 기도를 중단하지 말라.

한 경건한 부모의 아들은 목적의식을 전혀 갖지 않은 것 같았다. 그는 신자였고, 열정적인 기독교 교회에서 자랐고, 주변에는 경건한 친구들이 많았다. 나는 이 아이가 6세 정도일 때부터 그 가족을 알았다. 그만큼 좋은 가정에서 자란 사람도 드물 것이다. 고등학교 졸업 후에 그는 진학을 원하지 않았고, 다른 일에도 별 관심이 없었다. 그의 부모는 소명을 자각하도록 그를 위해 기도하고 또 기도했다. 그는 고등학교를 졸업한 지 2년이 지나도 일을 하지도, 진학을 하지도 않고 있었다. 그 무렵에 그는 교인들과 함께 선교 여행을 떠났고 성령이 개입하셨다.

그는 다른 사람들을 돕는 삶에 대한 비전을 가지고 돌아왔다. 대학에 진학하여 학사, 석사 학위를 받았고, 그 후에 멋진 여성을 만나서 결혼했다. 지금은 박사 과정을 마쳤다. 이 모든 것은 하나님으로부터 삶의 비전과 강한 목적의식을 받았기 때문에 일어난 일이었다.

자신의 분야를 찾는 시간이 다른 아이들에 비해 더 많이 걸리는 자녀도 있다. 그것이 반드시 나쁘거나 부모의 탓인 것은 아니다. 누구에게나 자신의 길과 자신의 시간표가 있다. 자신의 위치를 찾으려고 발버둥치는 자녀를 볼 때 조바심을 내지 말라. 호되게 꾸짖지도 말라. 자녀와의 관계를 멀어지게 할 뿐이다. 그들을 위해 기도하며 격려하고, 그들이 자기 자신과 꿈, 소망, 생각, 좋아하는 일, 싫어하는 일들에 대해 얘기하게 하라. 그리고 그들을 얼마나 사랑하는지 그들에게 말해 주라. 그들의 장점과 은사들에 대해 알려 주라.

동기 부여를 받지 못하는 성년자녀에 대해 알아야 할 것들을 보여 주시도록 하나님께 간구하라. 하루 종일 방에서 음악을 듣거나 인터넷 서핑에 몰두하지 못하게 하라. 그런 일은 머리만 멍하게 할 뿐 삶의 목적을 찾는 데 도움이 되지 않는다. 만일 그들이 당신과 함께 살려고 한다면 가족으로서 협력하게 하라. 집에서 할 일들을 정해 주고, 당신의 규칙에 따라 살도록 요구하라. 성년자녀에 대해 너무 높은 기대를 갖는 것이 유익하지 않듯이, 그들에 대해 별로 기대하지 않는 것 역시 유익하지 않다.

남편과 나는 우리 아이들이 안전하고 좋은 곳으로 옮겨 갈 수 있는 경제적 준비를 갖출 때까지 우리 집에서 살게 했다. 우리 아이들은 대학교 재학 기간에는 친구들과 함께 자취 생활을 했었다. 대학 졸업 후에는 각자 풀타임으로 일하여 주택 전세 자금을 모았고, 나중에 경제적으로 준비되었을 때 각자 집을 구입했다.

직업을 갖지 못한 성년자녀를 함께 살도록 허락하는 것은 생활비 절감과 안전을 위해서이다. 그러나 분명한 선을 그어 주어야 한다. 예를 들어 이렇게 말할 수 있다. "그래, 함께 살도록 하자. 하지만 너는 일을 하든지, 학교로 가든지, 둘 다 하든지 해야 해. 아무것도 하지 않을 수는 없어." TV나 비디오 게임에 빠진 성년자녀는 삶의 목적을 찾지 못한다. 하루 종일 잠자거나 친구들과 밤새 어울려 다니는 경우도 마찬가지다. 패스트푸드점에서 아르바이트를 하면서 삶의 목적을 찾기는 힘들겠지만, 거기서 일하는 동안 최소한 무엇이 자신의 삶의 목적이 아닌지 깨달을 수는 있을 것이다.

하지만 성년자녀가 평생 함께 살 수는 없다. 그럴 경우에는 그들이 자신을 위한 하나님의 계획을 결코 발견하지 못할 것이기 때문이다. 장애로 인해 당신의 전적인 도움을 받아야 하지 않는 한, 어떤 시점에 그들은 소명에 합당한 삶을 시작해야 한다. 그렇게 하기 전까지는 당신도 그들도 행복하지 않을 것이다. 성년자녀가 목적의식을 갖게 해달라고 기도하라. 목적의식은 그들로 하여금 그 목적을 향해 매진하게 할 것이다. 목적의식을 지니지 않은 사람은 아무 일도 하지 않겠지만, 그것을 지닌 사람은 자신이 목표로 삼은 지점에 도달하기 위해 모든 노력을 기울일 것이다.

방향이 필요하다면

모든 성년자녀는 방향 감각을 필요로 한다. 그들은 학교 근처에서 지내야 하는가, 아니면 집에서 지내야 하는가? 다른 도시와 고향 중 어디서 직장을 구해야 할까? 이 회사와 저 회사 중에서 어느 곳에 들어가야 할까? 설령 목적의식이 없더라도 그들은 어떤 방향으로든 걸음을 옮길 필요가 있다. 그리고 당신은 그 걸음이 올바르기를 원한다.

예루살렘 함락 후에 그곳에 남겨진 사람들이 어떻게 해야 할지, 애굽으로 가야 할지 말아야 할지에 대한 방향을 찾게 해주실 것을 하나님께 간구하도록 예레미야에게 부탁했다. 예레미야가 기도했지만 곧바로 응답을 받은 것은 아니다. "십일 후에 여호와의 말씀이 예레미야에게 임하니"렘 42:7. 예레미야는 하나님과 직통으로 연결되며 하나님의 은총을 받은 사람이었지만 응답을 기다려야 했다. 당신도 하나님과 직통으로 연결된다는 점을 항상 명심하라. 당신은 당신 안에 거하시는 예수님 때문에 하나님의 은총을 받고 있다. 당신은 성령의 능력으로 성년자녀의 방향 감각을 위해 기도할 수 있다. 하지만 기도응답이 바로 오지 않더라도 낙심하지 말라. 그것은 스위치를 켜면 불이 들어오듯이 갑자기 올 수도 있고, 해가 떠오르듯이 점차적으로 올 수도 있다. 응답이 어떤 식으로 오든, 그것은 주님으로부터 오기 때문에 정확할 것이다.

이스라엘인들의 문제는 그들이 예레미야에게 기도를 부탁하기 전에 이미 마음을 굳혔었다는 것이다. 하나님이 그들을 예루살렘에 머물도록 지시하셨다는 사실은 그들에게 중요하지 않았다. 그들은 어쨌든 애굽으로 가기로 결정했다. 그들은 하나님의 지시에 귀 기울이지 않았기 때문에 멸망했다. 자녀가 하나님의 지시를 들을 뿐만 아니라, 그분의 말씀을 실천하며 살게 해주실 것을 기도하라.

예루살렘이 무너진 것은 자신의 운명을 깊이 생각하지 않았기 때문이다. "그의 나중을 생각하지 아니함이여 그러므로 놀랍도록 낮아져도 그를 위로할 자가 없도다"애 1:9. 이 일이 일어난 이유는 하나님이 이스라엘인들을 긍휼히 여기지 않으셨기 때문이 아니다. 그것은 그들이 하나님으로부터 돌이켜 우상을 추구하고 전혀 회개하지 않았기 때문이다. 그들은 자신의 죄가 파멸로 이끌 것임을 고려하지 않았다. 그들은 자신이 원하는 대로 행했고, 아무런 결과가 따르지 않을 것이라고 생각했다. 이는 자신의 운명에 대한 자각 없이 살려는 사람들에게 일어나는 일과 꼭 같다. 자녀가 자신의 운명을 고려할 정도로 지혜로워지도록 기도하라. 그러기 위해서는 그들이 올바른 방향으로 매진하도록 하나님께 의뢰할 필요가 있다.

성년자녀는 방향 감각을 지니고서도 어떤 결정을 내릴 때 여전히 힘들어할 수 있다. 그들이 중요한 일에 대해 결정과 선택을 하지 못할 때, 우리는 성령이 임하여 그들을 도우시도록 기도할 필요가 있다. 또한 그들이 응답을 받을 때까지 계속 기도해야 한다.

이미 목적의식을 지니고 있다면

자녀가 이미 목적의식을 지니고 있다면 당신은 복 받은 사람이다. 당신은 그들이 목적의식을 잃지 않도록, 그리고 하나님의 계속적인 도우심으로 그 목적이 실현되도록 기도하기만 하면 된다.

누구든지 과로하거나, 의기소침해지거나, 스트레스를 받거나, 병약해지거나, 낙심하거나, 의심에 빠지거나, 실패를 거듭하거나, 나쁜 영향을 받거나, 대적으로 인해 혼란스러워질 때 언제든 목적의식을 잃을 수 있다. 당신의 성년자녀에게서 그런 일이 일어나는 것을 보면, 성령의 음성을 듣고 정상 궤도를 되찾도록 그들을 위해 기도하라.

사도 바울은 에베소인들의 마음 눈이 밝아져 그의 부르심의 소망이 무엇인지 알게 해주실 것을 기도했다엡 1:18. 성년자녀를 위해서도 그렇게 기도할 수 있다. 그들의 눈이 열려 하나님의 부르심을 보게 해주실 것을 기도하라. 주님과의 관계가 깊어짐에 따라 자신의 목적과 소명이 실현될 것임을 그들이 이해하도록 기도하라.

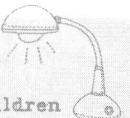

주여, 저의 자녀가 목적을 갖게 하시며 그것을 분명하게 이해할 수 있게 하소서. 주의 부르심의 소망이 무엇이며 그들에게 베푸시는 주의 능력이 얼마나 위대한지 알도록 도우소서엡 1:17-19. 마귀의 계획이 실패하고 그를 위한 주님의 목적이 실현되기를 기도합니다.

그들이 주의 음성을 들을 수 있게 하소서. 주님이 마련하신 길에서 벗어난 것을 추구하느라고 삶을 허비하지 않도록 지켜 주소서. 자녀가 경험하는 모든 것이 그들을 주께로 더 가까이 이끌기를, 그리고 주님의 계획을 이루게 되기를 기도합니다. 그들이 그 목적 실현을 연기하지 않고 적극적인 모습을 보이게 하소서.

주여, 제 자녀의 목적과 방향과 소명을 위해 기도하는 법을 알려 주소서. 제게 통찰력과 계시를 주소서. 그들을 격려하며 비판이나 압박을 하지 않고 잘 인도하도록 도우소서. 선을 그을 필요가 있을 때에는 그것을 분명히 보여 주소서. 응답이 더딘 것처럼 보일 때 조바심을 내지 않도록 도우소서.

자녀가 주의 음성을 듣고 주의 말씀을 마음에 간직하도록 도와주소서. 그 말씀이 그들을 올바른 방향으로 이루게 하소서. 두려움과 망설임과 게으름과 패배와 실패를 넘어서게 하는 강한 목적의식을 허락하소서.

저의 자녀가 목적의식을 지니고 있다면, 그것을 잃지 않게 하소서. 매일 올바른 걸음을 걸을 수 있는 지혜와 동기를 주소서. 인생에 있어서 가장 중요한 것이 무엇인지 깨달아 결정과 선택을 쉽게 할 수 있게 하소서. 주께 의뢰하지 않고 결정하는 일이 없도록 그들을 도우소서. 그들이 주님이 원하시는 것을 원하고, 자신이 원하는 것을 고집하지 않게 하소서. 마음속에 늘 주의 뜻을 따르려는 소원을 넣어 주소서. 그에게 저는 "네 마음의 소원대로 허락하시고 네 모든 계획을 이루어 주시기를 원하노라" 시 20:4고 말하고 싶습니다.

예수님의 이름으로 기도합니다. 아멘.

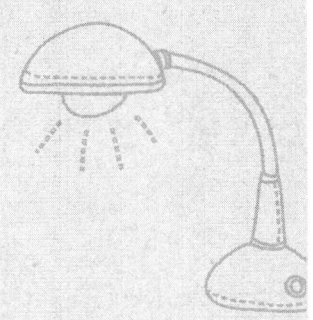

능 · 력 · 의 · 말 · 씀

"우리가 알거니와 하나님을 사랑하는 자 곧 그의 뜻대로 부르심을 입은 자들에게는 모든 것이 합력하여 선을 이루느니라" 롬 8:28.

"네 마음의 소원대로 허락하시고 네 모든 계획을 이루어 주시기를 원하노라" 시 20:4.

"너희로 말미암아 감사하기를 그치지 아니하고 우리 주 예수 그리스도의 하나님, 영광의 아버지께서 지혜와 계시의 영을 너희에게 주사 하나님을 알게 하시고 너희 마음의 눈을 밝히사 그의 부르심의 소망이 무엇이며 성도 안에서 그 기업의 영광의 풍성함이 무엇이며" 엡 1:16-18.

"하나님의 은사와 부르심에는 후회하심이 없느니라" 롬 11:29.

"범사에 기한이 있고 천하 만사가 다 때가 있나니" 전 3:1.

6장
좋은 직장과 경제적 안정을 위해 기도하라

The Power of Praying for Your Adult Children

성년자녀들에게 가장 중요한 것 중 하나는 직업과 관련한 하나님의 뜻이다. 하나님의 인도하심이 없으면, 그들은 여러 직업을 전전하면서 실망과 의심과 좌절에 사로잡혀 발버둥치며 방황할 수 있다. 우리는 그들이 직장 생활을 통해 삶의 목적을 발견하기를 원한다. 때로는 그 목적의식이 그들로 하여금 이렇게 말하게 할 수도 있다. "학교로 돌아가서 공부를 더해야겠어요.", "이 직장에서 배운 것을 다음 직장에서 활용할 겁니다." 경험을 얻는 것과 하나님이 축복하시지 않는 어떤 일에 시간만 허비하는 것은 분명히 차이가 있다.

1-5장은 성년자녀에게 성령을 부어 달라는 간구에 대한 내용이다. 하나님과 그분의 방법과 그분의 말씀을 향한 마음을 북돋우도록 도와주시기를, 그들에게 지혜와 분별력과 계시를 허락하시기를, 하나님의

뜻에 합당한 모습이 되도록 그들을 자유롭게 해주시기를, 그리고 분명한 목적의식을 지닐 수 있게 하시기를 기도하는 내용이다. 이 다섯 가지 기도는 성년자녀가 하나님의 부르심을 이해하도록 도와줄 뿐만 아니라 일생 동안 무슨 일을 해야 할지도 계시해 주는 기초를 제공할 것이다. 그들이 하나님의 음성에 귀 기울이지 않기 때문에 자신의 일과 관련하여 방향 감각을 찾지 못하는 경우가 너무나 많다. 하나님이 주시는 비전이 없이는, 그들은 목표 없이 움직일 것이다. 당신의 기도는 그 모든 것을 찾도록 도와줄 수 있다.

이사야는 하나님이 새 하늘과 새 땅을 지으시며 이전 것들은 기억조차 되지 않을 것이라고 말했다사 65:17. 또한 그날에 의인들신자들의 경우 수명을 채우지 못하고 죽는 일이 없을 것이며, 그들의 수고가 헛되지 않을 것이다. "그들이 가옥을 건축하고 그 안에 살겠고 포도나무를 심고 열매를 먹을 것이며……내가 택한 자가 그 손으로 일한 것을 길이 누릴 것이며 그들의 수고가 헛되지 않겠고……그들이 부르기 전에 내가 응답하겠고 그들이 말을 마치기 전에 내가 들을 것이며"사 65:21-24.

하나님은 우리가 한 일을 즐기기를 바라시고, 헛되이 수고하지 않기를 원하신다. 이는 우리 모두가 원하는 것이기도 하다. 그 때문에 우리는 이렇게 기도해야 한다. "주여, 주님을 사랑하며 주님의 방식대로 사는 자들이 그 손으로 행한 일을 오래도록 즐기며 그 노력이 헛되지 않기를 주님이 바라신다고 말씀하셨습니다. 저의 자녀를 위해 기도하오니, 그가 주님을 사랑하며 주님의 방식대로 살게 하시고, 일생 동안 해야 할 일이 무엇인지를 깨닫게 해주소서. 그가 자신의 손으로 행한 일을 늘 즐기며 아무런 결실도 없는 일에 소중한 시간을 허비하지 않게 하소서."

부지런하여 열심히 일하도록 기도하라

사업하는 사람들의 말을 들어보면, 오늘날 많은 젊은이들이 봉급은 원하지만, 열심히 일하려고 하지 않는다고 한다. 분명 그렇지 않은 젊은이들도 많다. 그러나 열심히 일하는 것이 얼마나 소중한지를 이해하지 못하는 자녀들이 더러 있다. 십대 시절 나는 하루빨리 일하러 가고 싶었고, 열심히 일하고 싶었다. 16세 이후부터 나는 매년 열심히 일해 왔다. 내가 그렇게 했던 이유는 가난하게 자랐었기 때문이다. 내가 원하는 것을 얻으려면 일을 해야 했다.

얻을 것이 그토록 많은데 열심히 일하려 하지 않는 사람들이 있다는 사실이 내게는 신기했다. 열심히 일하면 개인적인 만족과 성취감도 크다. 그러나 많은 성년자녀들이 너무 많은 지원을 받기 때문에, '거저 얻을 수 있는데 왜 굳이 열심히 일해야 하지?' 하고 생각한다. 혹은 나태한 마음이 그들의 생각을 흐리게 한다.

부지런하며 열심히 일하는 사람들에 관한 성경 말씀

❶ 열심히 일하는 자들은 그 소유가 늘 충분하게 된다

"손을 게르게 놀리는 자는 가난하게 되고 손이 부지런한 자는 부하게 되느니라"잠 10:4.

❷ 열심히 일하는 자들은 귀한 내면의 보화를 얻는다

"게으른 자는 그 잡을 것도 사냥하지 아니하나니 사람의 부귀는 부지런한 것이니라"잠 12:27.

❸ 열심히 일하는 자들은 자신의 영혼을 부요하게 한다

"게으른 자는 마음으로 원하여도 얻지 못하나 부지런한 자의 마음은 풍족함을 얻느니라"잠 13:4.

❹ 열심히 일하는 자들은 지도자가 된다

"부지런한 자의 손은 사람을 다스리게 되어도 게으른 자는 부림을 받느니라"잠 12:24.

❺ 열심히 일하는 자들은 재산이 는다

"망령되이 얻은 재물은 줄어가고 손으로 모은 것은 늘어가느니라"잠 13:11.

이 다섯 구절들만으로도 열심히 일하며 부지런하도록 성년자녀를 위해 기도하기에 충분한 영감을 얻게 한다. 만일 그들이 우리의 권면을 거부한다면 그 결말이 허망할 것이다.

직장 생활에 문제가 있는 자녀가 있다면

직장 생활을 유지할 수 없거나 직장을 갖지 않으려는 자녀는 대개 개인 기도를 통해 하나님과의 충분한 만남을 갖지 않는다. 만일 자신의 삶을 위한, 특히 직장과 관련하여 방향을 알려 주실 것을 간구한다면 그 기도에 응답해 주실 것이다. 이것에 대해 그들은 하나님의 음성을 들을 수 있어야 한다. 왜냐하면 그분은 그들 혼자서는 시작할 수 없는 방법으로 직업적인 방향과 경제적 안전을 보증해 주실 수 있기 때문이다. 그들은 자신이 무엇을 위해 지음 받았는지 깨달아야 하며, 그 일을 위해 어떻게 해야 하는지에 대해 주님의 지시를 받아야 한다.

주님의 인도하심을 받는 사람들이 언제나 만족스럽고 목적 있는 일을 하는 것은 아니다. 각종 비용을 위해 일하는 때도 있으며, 그것이 꼭 잘못된 것은 아니다. 사실 그런 일에서도 목적의식을 가질 수 있으며, 그로 인해 하나님께 감사드릴 수 있다. 우리의 직업이 아무리 무의미해 보일지라도, 우리는 여전히 무엇인가를 위해 일할 수 있다. 우리는 자녀를 더 나은 학교에 넣기 위해, 빚을 갚기 위해, 더 안전한 지역에서 살기 위해, 더 많은 학업에 필요한 돈을 벌기 위해, 또는 의미 있는 그 무엇을 위해 지루한 일도 참아낼 수 있다. 자신이 꿈꾸는 직업과는 거리가 먼 것처럼 보일지라도 우리는 그 일을 통해 하나님께 영광을 돌릴 수 있다. 하나님께 영광 돌리기 위해서 일을 할 때 하나님은 그것을 축복하시며 그 일을 통해 많은 유익을 얻게 하신다.

원하는 보수를 받지 못하더라도 "모든 수고에는 이익"이 있음을 이해하면 도움이 되지만, 일을 하지 않고 말만 하면 궁핍해진다잠 14:23. 그들이 자신의 일에서 아무런 목적도 찾지 못할 때에는 그 일에 애착을 두지 않을 것이다. 그것은 활력을 주지 않고 고갈만 시킬 것이다. 그러나 천해 보이는 직업을 통해서라도 하나님을 섬기고 있다면 그들은 목적의식을 지닐 것이다. 그 목적의식이 그들을 더 나은 직업과 더 큰 성공으로 이끌 것이다.

일하려 하지 않는 자녀는 결국 파멸로 이끄는 길로 들어서게 된다. 그들을 그대로 놔두지 말라. 성경은 "게으른 자의 욕망이 자기를 죽이나니 이는 자기의 손으로 일하기를 싫어함이니라"잠 21:25고 말한다. 그들이 일을 통해 하나님을 섬기는 기쁨을 얻고 다른 사람들을 도움으로써 만족을 얻도록 기도하라.

성년자녀가 직장을 갖지 않으려 하고 일보다는 놀기를 더 좋아해서 집세를 내지 못하는 경우와 열심히 일하지만 경기가 너무 안 좋거나 직원 감축으로 인해 해고되어 대부금을 상환하지 못하는 경우는 다르다. 첫 번째 경우에는 성년자녀가 궁지에 처해 봐야 한다. 그래야 정신을 차리기 때문이다. 두 번째 경우에는 격려하며 도와줄 필요가 있다. 진실을 올바로 파악할 수 있게 해주실 것을 하나님께 간구하라.

만일 당신이 경제적으로나 다른 어떤 방법으로 성년자녀를 지원하고 있다면, 그들이 하는 일에 대해 당신은 얘기할 권한이 있다. 먼저 그들이 수용적인 마음을 갖고 당신의 말에 귀를 열도록 기도하라. 그런 후에 그들이 당신의 조언을 존중하며 경청하기에 충분히 겸손해지도록 기도하라. 자녀들이 이 땅에서 잘되려면 부모를 공경해야 한다는 말씀을 당신은 기억하는가?출 20:12. 자녀가 부모를 공경하지 않는 까닭에 일을 그르치고 있음을 당신이 모를 수도 있다. 당신이 성년자녀를 너무 많이 지원해서 그들의 자립 노력을 아예 가로막고 있지 않은지 보여 주실 것을 하나님께 간구하라. 지원이 도움을 주는 경우도 있다. 그 선을 제대로 알려면 하나님의 도우심이 필요하다.

경제적 안정을 얻도록 기도하라

우리는 성년자녀의 경제적 안정에 대해서도 기도할 필요가 있다. 그들의 필요를 채울 수입을 위해 기도하라. 배우자와 네 자녀를 둔 성년자녀는 다섯 명의 동료들과 생활비를 분담하는 미혼자보다 더 많은 수입을 필요로 한다. 그들에게 필요한 것이 늘어남에 따라, 우리는 그들의 수입도 늘어나도록 기도해야 한다. 성공적인 삶을 살려면 수입이 뒷받침되어야 한다.

손을 게으르게 놀려 가난해지거나_{잠 10:4} 부자가 되려고 너무 애쓰지 않도록_{잠 10:4} 기도하라. 그들이 필요한 수입을 얻기에 충분할 정도로 열심히 일하며, 그럴 기회를 얻도록 기도하라.

물론 일이 일어나기 전에 예방 차원에서 미리 기도하는 것이 가장 좋다. 예를 들어, 당신의 자녀가 직장 동료나 사장과 잘 지내도록 기도하라. 그들이 일한 대가를 공평하고 넉넉히 받을 수 있도록 기도하라. 그들이 한 일에 대해 인정받고 승진할 수 있도록 기도하라.

만일 자녀가 하나님의 뜻을 벗어나서 잘못된 직업을 추구하고 있다면 그들은 계속 힘든 싸움을 벌일 것이다. 이는 그들이 하나님의 뜻에 따라 일할 때에는 힘든 싸움을 벌이지 않는다는 뜻이 아니다. 하나님의 뜻을 벗어나 있을 때에는 그 힘든 싸움이 아무 결실도 맺지 못할 것이다. 그보다는 하나님의 뜻 안에서 고투를 벌임으로써 마침내 풍성한 결실을 맺는 것이 훨씬 낫다.

부모의 강력한 기도 후원을 받는 자녀는 평생 동안 할 일을 일찍 찾는 경우가 많다. 하지만 늘 그런 것은 아니다. 경건하고 헌신적이며 기도하는 부모들 중에도 동기부여가 결여된 성년자녀로 인해 당황하는 사람들이 많다. 여러 성년자녀 중 유독 어느 하나가 그럴 경우에는 부모가 특히 당황한다. 그럴 때 해답은 포기하지 않고 계속 간절히 기도하는 것이다. 그 자녀에게도 위대한 삶의 목적이 있고, 그 목적을 깨닫기 위해 많은 기도가 필요한 경우가 더러 있다.

마귀는 당신의 자녀를 위한 하나님의 계획을 훼방하고 자신의 계획을 주입시키려 한다. 당신의 기도가 그것을 제지하는 계기로 작용하게 하라. 성년자녀의 삶을 위한 당신의 꿈과 계획들을 내려놓고 하나님의 계획을 위해 기도하라. 하나님의 계획과 당신의 꿈이 동일할 수도 있지만, 그렇다고 하는 확신이 필요하다. 당신의 생각이 하나님의 계획과 다를 경우에 당신이 방해자 역할을 해서는 안 될 것이다.

하나님은 우리와 자녀가 자신을 의지하기를 원하시기 때문에 우리의 자녀를 위한 꿈을 내려놓도록 당부하신다. 하나님은 아브라함에게 독자 이삭을 희생 제물로 드리도록 특정한 장소로 데려갈 것을 지시하셨다. 이삭은 노년이 되도록 자식을 얻지 못했던 아브라함과 사라에게 주어진 하나님의 약속의 자녀였다. 하나님은 아브라함에게 아들을 갖는 꿈과 그 아들의 장래에 대한 꿈을 내려놓고 그 꿈을 전적으로 자신에게 맡기도록 하셨다.

이삭을 데리고 간 장소는 하나님이 독생자 예수로 하여금 희생의 죽음을 당하게 하셨던 곳과 동일하다. 하나님의 지시에 기꺼이 순종함으로써, 아브라함은 하나님을 향한 자신의 경외심과 확고한 사랑과 신뢰를 표현했다. 이는 그가 이삭을 죽음에서 다시 살리실 하나님을 믿었기 때문이다.

하나님은 극적으로 개입하여 이삭 대신에 희생 제물로 쓸 어린 양을 주셨다창 22:1-13. 그때 "아브라함이 그 땅 이름을 여호와 이레라 하였으므로 오늘날까지 사람들이 이르기를 여호와의 산에서 준비되리라 하더라"창 22:14.

우리가 신실하게 하나님께 순종하며 따르면 하나님은 우리에게 필요한 것을 신실하게 제공하신다.

또한 하나님은 우리의 꿈을 내려놓도록 당부하신다. 심지어 우리의 비전이 하나님으로부터 온 것임을 알고 있을 때에도 말이다. 하나님은 그 꿈을 이룰 분이 바로 자신임을 우리가 알기를 원하시기 때문이다. 하나님의 뜻에 합당한 꿈을 우리가 접으면 그분은 그것을 다시 살리실 것이다. 그러면 우리는 자신의 힘으로 꿈을 이루는 것이 아님을 분명히 깨달을 것이다.

자녀가 자신의 꿈을 주님께 내려놓을 수 있도록 기도하라. 그리고 그 꿈이 죽은 것 같을 때에는 다시 살려 주시도록 기도하라. 그 과정에서 하나님의 손길을 보도록 기도하라. 이처럼 하나님의 방식을 알 때 당신은 경제적인 문제로 씨름하는 성년자녀를 보고 당황하거나 염려하지 않을 것이다.

경제적 안정을 위한 기도

❶ 기회를 만날 때 열심히 일하도록 기도하라

"추수 때에 자는 자는 부끄러움을 끼치는 아들이니라" 잠 10:5.

❷ 수확이 적을 때를 위해 돈을 절약하도록 기도하라

"여름에 거두는 자는 지혜로운 아들이나" 잠 10:5.

❸ 하나님이 바라시는 것을 드리는 법을 배우도록 기도하라

"만군의 여호와가 이르노라 너희의 온전한 십일조를 창고에 들여 나의 집에 양식이 있게 하고 그것으로 나를 시험하여 내가 하늘 문을 열고 너희에게 복을 쌓을 곳이 없도록 붓지 아니하나 보라" 말 3:10.

❹ 궁핍한 자에게 늘 베풀도록 기도하라

"가난한 자를 보살피는 자에게 복이 있음이여 재앙의 날에 여호와께서 그를 건지시리로다 여호와께서 그를 지키사 살게 하시리니 그가 이 세상에서 복을 받을 것이라 주여 그를 그 원수들의 뜻에 맡기지 마소서" 시 41:1-2. "가난한 자를 구제하는 자는 궁핍하지 아니하려니와 못 본 체 하는 자에게는 저주가 크리라" 잠 28:27.

❺ 양식을 포함하여 모든 것을 위해 주께 의지하도록 기도하라

"젊은 사자는 궁핍하여 주릴지라도 여호와를 찾는 자는 모든 좋은 것에 부족함이 없으리로다" 시 34:10.

❻ 하나님의 뜻에 따라 얻은 재물을 진정 즐길 수 있도록 기도하라

"여호와께서 주시는 복은 사람을 부하게 하고 근심을 겸하여 주지 아니하시느니라"잠 10:22.

❼ 참된 보화가 주님 안에 있음을 알도록 기도하라

"네 보물 있는 그곳에는 네 마음도 있느니라"마 6:21.

❽ 옳고 윤리적인 것을 늘 자각하도록 기도하라

"불의로 치부하는 자는 자고새가 낳지 아니한 알을 품음 같아서 그의 중년에 그것이 떠나겠고 마침내 어리석은 자가 되리라"렘 17:11.

세계 경제는 너무나 불안정하다. 하나님이 도우시지 않는 한 아무것도 보장되지 않는다. 하나님은 만일 우리가 주면 받을 것이고, 그분의 뜻을 구하면 필요한 모든 것을 얻을 것이고, 열심히 일하면 보상을 받을 것이고, 또한 하나님의 방식대로 살면 결코 굶주리지 않을 것이라고 하신다. 자녀는 이 베풂의 원리를 이해하며 신뢰하도록 돕는 우리의 기도를 필요로 한다.

자녀의 주의를 환기시키기 위해 때로는 하나님이 경제적인 것들을 이용하심을 명심하라. 만일 기도를 반복해도 아무 변화가 보이지 않는다면, 이를 통해 당신과 성년자녀가 배워야 할 중요한 교훈이 있는지 보여 주시기를 간구하라. 어쩌면 그들의 직업, 생활방식, 초점, 태도, 목표, 비전을 변화시킬 계획을 지니고 계실 수도 있다. 기도하는 과정에서 당신은 자녀가 하나님의 손에 있음을 확신하게 될 것이다. 때로는 하나님이 그들을 경제적으로 축복하기 전에 참된 보화가 어디에 있는지 깨닫게 하실 것이다.

일과 경제적인 면에 있어 만족스러울 때도 있고 그렇지 못할 때도 있다. 만일 우리가 하나님과 동행하면 어느 정도 차질이 있더라도 그 이상은 아닐 것이다. 우리가 피하고 싶은 것은 집을 잃거나, 빚을 지거나, 파산하는 것 같은 심각한 손실이다. 우리의 기도가 성년자녀에게 경제적 곤경이 전혀 닥치지 않도록 보증해 주는 것은 아니다. 그러나 우리는 하나님이 그런 상황에서 그들을 도우시고, 그 과정에서 소중한 교훈을 가르쳐 주실 것을 확신할 수 있다.

경제적 어려움에 처한 성년자녀를 위해 기도하는 법

자신의 자녀가 경제적인 문제로 시달리기를 원하는 사람은 아무도 없다. 자녀뿐 아니라 자신을 위해서도 그것을 원하지 않는다. 자녀의 경제 문제는 부모에게도 부담을 주기 때문이다. 종종 하나님은 사람의 주의를 환기시키기 위해 경제적인 문제를 이용하신다. 그 목적을 위해서는 질병 다음으로 경제적인 문제가 가장 효과적이다. 경제적인 문제는 우리의 삶에 있어 가장 큰 스트레스 중 하나이며, 우리가 자녀에게 그것이 닥치는 것을 볼 때에도 심한 스트레스를 느낀다.

건강 문제, 이혼, 문제에 빠진 자녀, 실직 따위로 인해 경제적인 어려움에 처한 적이 있는 사람이 있을 것이다. 하나님은 우리의 주의를 환기시키기 위해 이런 상황을 이용하실 것이다. 경제적인 위기나 압류나 파산이 당신의 자녀를 올바른 길로 돌이키게 만드는 유일한 방법일 수도 있다. 그들은 하나님을 의지하기 위해 난관에 처해야 할 수도 있다.

그 상황에 대한 진실을 보여 주시도록 하나님께 간구하라. 보여 주실 것이다. 경제적인 어려움을 겪고 싶어 하는 사람은 아무도 없지만, 그것은 전격적으로 전환시킬 수 있는 힘이 있다.

만일 당신의 자녀가 경제적인 위기를 이미 겪었다면 부주의한 낭비 때문이든, 힘든 시기를 만났기 때문이든, 그들이 고투를 벌이고 있든, 집을 잃고 파산 신청을 했든 하나님은 그들을 굳건하게 하여 경제적인 안정을 되찾게 하실 수 있다. 그 상황이 그들을 주님과 주님의 방식으로 되돌리는 계기가 되도록 기도하라.

만일 일하지 않으려는 태도 때문에 생겼다면 이 태도의 원인이 심각한 자신감 결여, 실패에 대한 두려움, 의기소침, 자기중심성, 게으름 중에서 무엇이든 그들은 재정 상담가의 전문적인 도움을 받을 필요가 있다. 이것은 외부의 개입 없이는 해결되지 않을 문제이다. 어떤 행동 양식으로 나타날 경우에는 특히 그렇다. 만일 성년자녀가 일중독에 걸릴 정도로 너무 열심히 일하여 건강, 결혼, 자녀, 그리고 주님과 함께하는 시간과 같은 중요한 것들이 희생되고 있다면, 그들이 하나님의 우선순위와 균형 감각을 깨닫도록 기도하라.

모든 것을 잃음으로써 얻는 이점 중 하나는 하나님이 전부이심을 깨닫게 되는 것이다. 그분이 모든 것을 공급해 주신다. 그분 안에서 모든 것을 찾을 수 있다. 또한 당신의 모든 소유가 그분으로부터 온다. "나의 하나님이 그리스도 예수 안에서 영광 가운데 그 풍성한 대로 너희 모든 쓸 것을 채우시리라"빌 4:19. 전적으로 하나님을 의지하게 되면 과거를 청산하고 새 출발을 할 수 있을 것이다. 그래서 올바른 일을 찾게 될 것이다. 수입의 범위 안에서 소비하고 저축하며 살아가는 지혜를 얻을 것이다. 충분한 기도와 함께 이것은 그들을 가장 유익하게 하는 것일 수 있다. 이것은 그들을 올바른 길로 몰아넣는 기폭제일 수 있다.

나쁜 일이 일어나기 전에 경제적 안전에 관한 기도를 시작하는 것이 최선이다. 그러나 만일 예방 기도를 하기에 너무 늦었다면 그 대신에 구속의 기도를 드리라. 하나님이 모든 것을, 우리의 성년자녀와 그들의 경제적인 문제마저도 구속하실 수 있음을 기억하라.

능 · 력 · 의 · 기 · 도 The Power of Praying
for Your Adult Children

주여, 저의 자녀를 축복하소서. 자녀가 하는 일을 축복해 주소서. 그들에게 강한 목적의식을 주셔서 주님의 뜻에 합당한 직업을 갖게 하소서. 지음 받은 목적을 그들에게 알려 주셔서 목적 없이 직장을 옮겨 다니지 않게 하소서. 자신의 직장에서 큰 목적을 발견하도록 도와주소서.

매사에 부지런하여 나태하거나 부주의한 모습을 보이지 않도록 도우소서. 게으름이나 두려움에 얽매여 있다면 그것을 끊어버리게 하소서. 주의 성령을 부으셔서 그 속임수에서 벗어날 지혜와 무기력하게 만드는 사슬에서 벗어날 힘을 얻게 하소서. "부지런하여 게으르지 말고 열심을 품고 주를" 롬 12:11 섬기도록 도우소서.

자녀가 언제나 주의 영광을 위해 일하게 하소서 골 3:23. 비윤리적인 일을 하려는 유혹이 있다면 그것을 분명히 깨닫게 하소서. 의문의 여지가 있거나 불법적인 모든 행동에서 돌이키게 하소서. 불법적이거나 비윤리적인 행동으로 얻은 이득은 결코 보존되지 않고 결국에는 파멸로 이끌 것임을 늘 명심하도록 도우소서. 명성이 부귀보다 훨씬 소중함을 자녀가 확신하기를 기도합니다잠 17:11.

돈 문제와 관련한 지혜를 주소서. 심각한 일이 일어나기 전에 감지하게 하시고, 지혜롭게 소비하고 저축하며 투자할 수 있도록 분별력을 주소서. 어리석거나 부주의한 실수를 저지르지 않도록 도우소서. 재산을 잃거나, 도둑맞거나, 낭비하지 않도록 지켜 주소서. 대적이 해치거나 그들의 소유를 훔쳐 가지 않게 하소서. 자녀가 "선을 행하고 선한 사업을 많이 하고 나누어 주기를 좋아하며 너그러운 자가" 되어 "장래에 자기를 위하여 좋은 터를 쌓아 참된 생명을" 취하게 하소서딤전 6:18-19.

주여, 모든 소유를 주께 맡기도록 자녀를 도와주소서. 빚에서 놓여 나고 장래를 위해 신중하게 소비하게 하소서. 주님께 받은 모든 것을 잘 관리할 수 있게 하소서.

경제적인 문제를 위해 기도합니다. 상황을 호전시켜 주소서. 지혜로운 사람들을 통해 배우도록 도와주소서. 그래서 가난과 곤경으로부터 벗어나게 하소서잠 13:18. 일, 경력, 직업과 관련한 지혜를 그들에게 주소서. 그들이 부르심을 받은 일터에서 성공하게 하소서. 기회의 문을 열어 주시며, 직장에서 신임을 얻게 하시고, 근로에 대해 공평한 보상을 받도록 도와주소서.

주여, "그의 나라를 구하라 그리하면 이런 것들을 너희에게 더하시리라"눅 12:31고 말씀하셨습니다. 주님을 최우선으로 구함으로써 경제적인 안정을 얻을 수 있게 도우소서. 몸과 마음을 다하여 주께 복종하여 주님으로부터 풍성함과 형통함을 얻게 도와주소서. 주님의 은총이 제 자녀에게 임하사 그들의 손으로 일한 것을 길이 누리며 그 수고가 헛되지 않기를 기도합니다 사 65:22-23.

예수님의 이름으로 기도합니다. 아멘.

능 · 력 · 의 · 말 · 씀

"무슨 일을 하든지 마음을 다하여 주께 하듯 하고 사람에게 하듯 하지 말라" 골 3:23.

"사람마다 먹고 마시는 것과 수고함으로 낙을 누리는 그것이 하나님의 선물인 줄도 또한 알았도다" 전 3:13.

"너의 행사를 여호와께 맡기라 그리하면 네가 경영하는 것이 이루어지리라" 잠 16:3.

"내가 어려서부터 늙기까지 의인이 버림을 당하거나 그의 자손이 걸식함을 보지 못하였도다" 시 37:25.

"너희는 무엇을 먹을까 무엇을 마실까 하여 구하지 말며 근심하지도 말라 이 모든 것은 세상 백성들이 구하는 것이라 너희 아버지께서는 이런 것이 너희에게 있어야 할 것을 아시느니라 다만 너희는 그의 나라를 구하라 그리하면 이런 것들을 너희에게 더하시리라" 눅 12:29-31.

7장
건전한 생각과 올바른 태도를
갖도록 기도하라

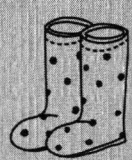

The Power of Praying for Your Adult Children

다른 사람의 생각을 모두 아는 사람은 아무도 없다. 자신의 모든 생각을 다른 사람과 나누는 사람도 거의 없다. 남편과 아내도 마찬가지다. 부모와 성년자녀의 관계에서도 마찬가지다. 사실 우리의 모든 생각을 아시는 분은 하나님 한 분뿐이시다. 성년자녀의 생각과 감정을 알기 위해 하나님께 기도하는 것도 바로 그 때문이다.

성년자녀들이 직면해야 하는 가장 힘든 싸움 중에 그들의 마음속에서 일어나는 것들이 더러 있다. 마귀는 늘 자신의 거짓말을 믿고 하나님의 진리를 거부하게 하려 들 것이다. 자녀들이 마귀의 거짓말을 믿는한 그가 승리한다는 것을 그는 알고 있다. 우리는 자신을 병들게 하는 생각들에 사로잡힐 수 있으며, 심지어 그 생각들은 육체적인 고통이나 질병을 유발하거나 마땅히 해야 할 일을 못하게 만들 수 있다.

우리의 생각은 몸만이 아니라 마음과 감정마저 병들게 할 수 있다. 만일 하나님 말씀 대신에 거짓말을 믿는다면, 그 잘못된 생각 때문에 삶을 망칠 수도 있다. 예를 들어, "내게 힘 주시는 그리스도를 통해 내가 모든 것을 할 수 있다."라고 말하지 않고 "난 매사에 늘 실패한다."라고 말하며 산다면 우리는 실패할 가능성이 더 많다. 문제는 하나님의 진리에 대해 분명히 알지 못하기 때문에 거짓을 진리로 믿는 경우가 너무 많다는 것이다.

또한 우리는 마귀의 요란한 음성을 듣는다. 그것은 우리의 심령에 말씀하시는 하나님의 작고 세미한 음성보다 훨씬 더 크다. 성경은 그 대적에 대해 "그가 거짓말쟁이요 거짓의 아비가 되었음이라"요 8:44고 말한다.

누구나 그러한 고통을 겪기 쉽지만, 성년자녀들은 훨씬 더 심할 수 있다. 우리에 비해 그들은 훨씬 더 혼란스러우며 세상적인 정보에 노출되고 있다. 젊은이들의 귀와 눈과 마음을 빼앗는 것들이 너무나 많다.

젊은이들의 자살이나 살인적인 폭력성은 모두 그들의 눈과 귀를 통해 마음속에 새겨진 거짓의 씨앗에서 비롯된다. 분노, 거부감, 두려움, 불안, 고독과 같은 부정적인 가정들이 거짓에 불을 붙여 통제 불능 상태로까지 자라게 한다. 거부당했다고 생각하는 사람은 마음의 상처를 입고 불안해지고 두려워하며 그러다가 고독해지고 마침내 분노한다. 그의 인격에서 나타나는 이 모든 부정적인 모습들은 그를 더욱더 거부당하게 만든다. 또한 그 거짓은 자신만이 아니라 다른 사람들까지 파괴할 정도로 자란다.

성년자녀가 거짓된 생각을 품고 있을 수 있고, 그것은 자신과 주변 상황에 대해 정확하게 생각할 수 있는 능력을 제한한다. 그들은 다음과 같은 거짓을 믿을 수 있다.

❶ 아무도 나를 좋아하지 않는다.
❷ 나는 인정받고 싶은 사람들에게 거부당한다.
❸ 나는 아무것도 올바로 하지 못한다.
❹ 나는 아무 일도 잘하지 못한다.
❺ 나는 실패자이다.
❻ 누구도 내게 관심을 갖지 않는다.
❼ 내가 무슨 일을 하든 중요하지 않다.
❽ 상황을 변화시키기 위해 내가 할 수 있는 일은 없다.
❾ 하나님은 내 기도를 듣지 않으신다.
❿ 하나님은 내게 관심이 없으시다.

당신의 성년자녀가 부정적인 생각을 지니고 위에 열거된 것과 같은 거짓을 믿을 때, 이 생각들은 그들이 두려워하는 것을, 즉 실패와 거부당함을 향해 그들을 떠민다. 우리는 자녀의 눈이 열려서 그런 생각들이 하나님으로부터 온 것이 아님을 깨닫도록 기도해야 한다. 그런 거짓을 말하는 자는 바로 원수 마귀다.

이 생각들을 하나님 말씀에 비추어 보면 거짓이 확연히 드러난다. 마귀의 술책 중의 하나는 성경에 대해 의문을 갖게 하여 하나님의 진리를 빼앗는 것이다. "성경이 정말 하나님의 영감을 받은 것인가, 아니면 단지 사람들에 의해 기록된 것인가?", "하나님의 의도가 정말 그럴까?" 그들은 이런 부정적인 생각이 마귀로부터 온 것임을 인식하지 못한다. 그들은 하나님의 말씀에 의문을 제기하는 것이 개방적인 태도라고 생각한다.

문제는 무엇에 그리고 누구에게 개방적인가 하는 것이다. 성년자녀는 하나님보다는 사탄에게 자신의 전 존재를 개방하는 경우가 너무나 많다.

선자의 마음에 대한 진실

모든 죄는 마음의 생각에서 시작된다. "속에서 곧 사람의 마음에서 나오는 것은 악한 생각 곧 음란과 도둑질과 살인과 간음과 탐욕과 악독과 속임과 음탕과 질투와 비방과 교만과 우매함이니"막 7:21-22. 우리가 자신의 마음을 통제하지 않으면 마귀가 통제할 것이다. 성년자녀의 경우도 마찬가지다.

그들은 더 열심히 싸워야 한다. 우리 세대는 자신을 유혹하는 죄악이 무엇인지를 찾아내야 했다. 우리의 자녀는 매일 죄악들과 대면하므로 굳이 그것을 밝히려고 노력할 필요가 없다. 그렇기에 그들에게는 주님의 도우심과 우리의 기도가 필요하다. 성년자녀를 위한 기도는 대적의 음성을 잠잠하게 하고, 그들로 하여금 악한 생각을 잘 분별하여 통제하도록 도울 수 있다.

신자의 마음에 대한 3가지 진실

❶ 하나님은 우리 각자에게 건전한 마음을 주신다.
❷ 사탄은 거짓말로 우리의 건전한 마음을 무너뜨리기를 원한다.
❸ 어떤 생각을 할지에 대한 선택은 우리의 몫이다. 우리는 자신의 생각을 통제할 수 있다.

성년자녀의 마음을 위한 3가지 기도

❶ 하나님으로부터 받은 건전한 마음만을 갖도록 기도하라.
❷ 영혼의 대적이 정신적으로나 정서적으로 그들을 억누르는 거짓으로 마음을 채우지 못하도록 기도하라.
❸ 자신의 마음속에 어떤 생각을 허용할지에 대해 올바른 선택을 하도록 기도하라.

지금 마인드컨트롤에 대해 말하는 것이 아니다. 하나님에 의한 컨트롤을 말하고 있다. 기도를 통해 우리는, 하나님이 주시는 건전한 마음을 대적하는 모든 것에 대항할 수 있도록 장벽을 세우기 원한다.

자신에 대한 많은 거짓들을 믿었던 한 성년자녀를 나는 알고 있다. 물론 그녀 외에도 그런 성년자녀를 많이 보았다. 그녀는 자신이 똑똑하거나 재능이 있거나 매력적이지 않다고 믿었다. 그 때문에 그녀는 어떤 남자도 자신을 좋아하지 않을 것이라고 생각했다. 만일 당신이 그녀를 만나 보면 그녀의 생각이 전혀 사실이 아님을 알게 될 것이다. 하지만 그런 생각이 오랫동안 그녀를 붙들었다. 그녀는 희망을 잃었고, 낙심하고 위축되었다. 자신이 하는 모든 일이 실패로 끝난 것처럼 보였기 때문에 앞으로도 실패와 거부를 당할 것으로 생각했다.

그녀의 어머니가 그녀를 매주 기도모임에 초청했고, 그들은 부정적이고 패배적인 생각을 깨트리기 위해 정기적인 기도를 시작했다. 눈이 열려서 마귀의 거짓을 물리칠 수 있도록 기도했다. 성령을 통해 자신에 관한 진실을 알 수 있도록 기도했다.

기도 응답은 하룻밤 사이에 임하지 않았다. 그러나 마침내 그 모든 부정적인 생각과 거짓에 대한 믿음이 마침내 깨트려졌고 그녀는 변하기 시작했다. 그녀는 개방적이고 외향적이며 행복해졌다. 자신에 대해서는 덜 생각하고 다른 사람들에 대해 더 많이 생각하기 시작했다. 그녀에게 좋은 일들이 일어나기 시작했고, 새로운 직업을 가질 길도 열렸다. 현재 그녀는 삶에 소망을 갖고, 자신의 모습에 대해 행복해한다.

그녀와 같은 어려움을 겪는 성년자녀들이 너무나 많다. 기도 지원을 통해 거짓을 밝혀내지 못하면, 그들은 마귀의 거짓이 진실이며 하나님 말씀의 진리가 거짓이라고 믿을 것이다.

올곧은 생각을 하도록 양육 받은 성년자녀도 사탄으로 인해 그 생각과 감정이 억압될 수 있다. 내가 아는 한 젊은이는 독실한 기독교 가정에서 자랐지만 자살하려는 생각을 품었다. 이는 진지하게 결혼을 고려하며 사귀었던 여자 친구가 그를 떠났기 때문이다. 거부는 누구나 견디기 힘든 것이며, 자신의 삶에 중요한 사람에게서 거부당하는 것은 특히 그렇다. 하지만 마귀가 그 상황에 개입하여 자기 파괴적인 생각을 불어넣을 수 있다.

우리는 자신을 파괴하기를 원하지 않는다. 자살을 유일한 선택으로 여기도록 하는 것은 사탄이다. 당신의 성년자녀가 어떤 이유로 인해 자살을 고려하는 지경에 처할 것이라고 말하는 것이 아니다. 다만 그들 영혼의 대적이 늘 그런 방향으로 몰고 가려고 애쓸 것임을 말하고 있을 뿐이다. 대적의 모든 압박에서 벗어나도록 성년자녀를 위해 기도해야 하는 것도 바로 그 때문이다.

올바른 생각을 선택하도록 기도하라

우리 모두는 자신의 마음속에 허용할 생각을 선택한다. 자녀가 그 점을 이해하고 올바른 선택을 하도록 기도하라. 본서의 1-5장에서 언급한 내용이 이 선택에 영향을 미칠 것이다. 만일 하나님이 성년자녀를 위한 기도에 응답하여 성령을 부어 주시고, 그들을 그분과 그분의 방식에 더 가까이 이끄시며, 그들의 마음에 그분의 말씀이 살아 역사하게 하시고, 그들에게 지혜와 분별력을 주시고, 지음 받은 목적에 합당한 모습으로 살아가게 하시며, 삶의 목적을 자각하게 하시면 그들은 자신의 마음속에 훨씬 더 바람직한 생각을 선택할 수 있다.

성년자녀의 마음에 무서운 공격이 가해지기 때문에, 그들은 우리의 강력한 기도 지원을 필요로 한다. 깨끗한 마음을 지니고 부정적인 감정으로부터 자유로운 성년자녀는 큰일들을 성취할 수 있다.

나쁜 태도 없애기

나쁜 태도는 자신도 모르게 지닐 수 있는 것이다. 자신은 모르지만 다른 사람들은 정확히 무엇인지는 몰라도 그 태도를 알아차린다.

한 성년자녀는 다른 사람들에 대한 비판적인 태도 때문에 고민했다. 그녀는 다른 사람들의 허물을 찾아내면 기분이 좋아진다고 했다. 그것은 마음속으로 다른 사람들을 허물어뜨려 자신을 세우는 방어기제였다. 비록 그녀가 비판적인 말을 입에 담지는 않았지만, 비판적인 생각이 그의 인격 속에 스며들어 자신과 다른 사람들을 분리시켰고, 교우관계를 제한했다. 나는 그녀에게 매일 기도하고, 자신에 대해 더 좋은 감정을 갖고 다른 사람들에게 더 많이 감사할 수 있도록 하나님께 간구하라고 말했다.

그녀가 기도했을 때 성령은 그녀가 얼마나 교만하고 비열한 마음을 품고 있었는지를 보여 주었다. 그녀의 태도가 하나님을 기쁘시게 하지 않고, 하나님의 축복을 받을 수 없음을 깨달았다. 마침내 그녀는 비판적인 태도로부터 벗어났고, 그녀의 태도는 완전히 바뀌었다. 이제는 주변 사람들이 그녀에 대해 편안해하며, 그녀는 이전에도 늘 원했지만 얻을 수 없었던 친밀한 우정을 나누고 있다.

부정적인 태도에서 벗어나도록 성년자녀를 도울 수 있는 일 중 하나는 우리 자신이 그런 태도에서 벗어나는 것이다(이 점에 대해서는 4장에서 언급했다). 만일 우리가 나쁜 태도를 유발하는 분노나 불안, 두려움, 교만, 비판적인 마음을 제거할 수 있다면 그 모습을 보는 성년자녀도 자신의 나쁜 태도를 깨닫고 거기서 벗어나게 된다. 우리가 부정적인 감정에 속박된다면, 성년자녀도 그것에 익숙해질 수 있다. 우리가 나쁜 태도나 잘못된 생각이나 부정적인 감정에서 벗어나면 그들에게도 좋은 영향을 미칠 수 있을 것이다.

예수님이 죽었다가 다시 살아나신 사실은, 하나님을 믿고 예수님을 구주로 영접하는 자들이 그분과 함께 누릴 유업을 우리에게 보증해 준다. 우리가 하나님 아버지로부터 받을 영원한 유업은 궁극적으로 그분과 영원히 함께 누리는 영광스러운 삶이다. 하지만 우리가 그분의 선과 은혜와 사랑과 평안과 기쁨과 능력을 지금 바로 상속받는 것도 사실이다. 우리는 그분의 건전한 생각과 부정적인 감정으로부터의 자유를 상속받는다. 우리의 자녀도 마찬가지다. 그들의 마음이 하나님의 일들과 계획에 열려 있으면 부정적인 태도에서 멀어질 것이다. 그들로 하여금 하나님의 말씀을 듣고 성령의 역사에 마음 문을 열도록 기도해야 하는 것도 바로 그 때문이다.

자녀를 키우면서 매사를 지나치게 두려워했던 한 어머니가 있다. 이제 그의 딸도 자녀를 키우면서 매사를 두려워한다. 당신의 자녀에게 일어나는 어떤 나쁜 일에 대해 두려워하는 것은 별개의 문제이다. 어떤 부모나 어느 정도는 그런 두려움을 지니고 있다. 그러나 두려움이 당신을 마비시키고, 삶을 통제하며, 당신과 주변 사람들을 비참하게 할 때 그것은 '두려워하는 마음'이 된 셈이다. 어머니와 딸 둘 다 신자였지만, 그들은 이 부분에서 그리스도 안에 있는 자유를 알지 못했다. 그들은 두려움이 고통을 가져다주는 마음임을 이해하지 못했다.

삶을 사로잡는 두려움은 결코 하나님으로부터 오지 않는다. 만일 그 어머니가 모든 두려움으로부터 딸을 자유롭게 해주시기를 간구하면 주님이 그렇게 하실 것이다.

하나님이 우리와 자녀를 그릇된 태도로부터 벗어나게 해주시고, 하나님의 관점에서 삶을 보도록 도와주기를 간구해야 한다.

피해야 할 5가지 부정적인 감정과 나쁜 태도

❶ 교만에서 벗어나도록 기도하라

"사람이 교만하면 낮아지게 되겠고 마음이 겸손하면 영예를 얻으리라"잠 29:23. 교만은 당신의 자녀를 다른 어떤 것보다 빨리 추락시킬 것이다. 사탄은 교만 때문에 낮아졌다. 누구나 마찬가지다. 하나님이 교만을 미워하시는 것도 바로 그 때문이다. 그분은 교만을 미워하시고, 겸손한 자에게 은혜를 베푸신다약 4:6. 교만이 당신의 자녀를 사로잡아 삶을 파괴하지 않도록 기도하라.

❷ 두려움에서 벗어나도록 기도하라

"하나님이 우리에게 주신 것은 두려워하는 마음이 아니요 오직 능력과 사랑과 절제하는 마음이니"딤후 1:7. 두려움은 마귀로부터 오는 마음이다. 하나님은 우리에게 사랑과 능력과 건전한 마음을 주신다. 하나님은 "온전한 사랑이 두려움을 내쫓나니"요일 4:18라고 말씀하신다. 하나님의 온전한 사랑이 그 모든 두려움을 제거하여 그들로 하여금 하나님으로부터 오는 사랑과 능력과 건전한 마음을 누릴 수 있도록 기도하라.

❸ 분노에서 벗어나도록 기도하라

"노하는 자는 다툼을 일으키고 성내는 자는 범죄함이 많으니라"잠 29:22. 쉽게 화를 내는 사람은 늘 분쟁을 일으킨다. 그 모습을 옆에서 보는 사람마저 불편해진다. 자녀가 화를 내지 않도록 기도하라.

❹ 근심에서 벗어나도록 기도하라

"근심이 사람의 마음에 있으면 그것으로 번뇌하게 되나 선한 말은 그것을 즐겁게 하느니라"잠 12:25. 염려와 근심은 우리의 삶을 소모시킨다. 우리는 아무것도 염려하지 않고 모든 일에 기도로 그분께 나아가 평안을 얻어야 한다빌 4:6-7. 당신의 성년자녀도 그렇게 하여 불안과 낙심에서 벗어나도록 기도하라.

❺ 상한 심령에서 벗어나기를 기도하라

"상심한 자들을 고치시며 그들의 상처를 싸매시는도다"시 147:3. 상한 심령은 치유 받아야 한다. 상한 심령은 큰 해를 입힌다. 하나님의 치유가 없을 경우에는 특히 그렇다. 자녀가 마음의 상처를 치유 받도록 기도하라. 치유가 없으면 자기 연민, 자기 방어의 태도가 심해질 수 있다.

절망, 불안, 혼란, 의심, 우울, 고독과 같은 다른 부정적인 감정들도 많이 있다. 이러한 감정들은 하나님의 치유를 필요로 한다. 자녀의 부정적인 감정이나 그릇된 태도를 보여 주시고 거기서 벗어나게 해주시기를 간구하라.

찬양은 치유의 힘이 있다

부정적인 감정과 잘못된 태도를 제거하는 가장 강력한 방법 중 하나는 하나님을 경배하고 찬양하는 것이다. 우리의 삶이나 자녀의 삶에서 무슨 일이 일어나든, 하나님은 항상 찬양을 받기에 합당하시다. 찬양은 그분을 우리 가운데 임하여 다스리시도록 초청한다. 그리고 하나님이 임하실 때 변화가 시작된다.

우리의 삶 속에서 행하신 하나님의 선한 일들을 기억하며 자녀들에게도 그것을 상기시키는 것이 중요하다. 그것은 그들이 하나님의 선하심을 접하며 숙고하도록 도와준다. 에스더서에서 유대인들은 대적들을 어떻게 물리치게 되었는지 정기적으로 기억하며 기념하기로 결심했다. "이 부림일을 유다인 중에서 폐하지 않게 하고 그들의 후손들이 계속해서 기념하게 하였더라"에 9:28. 성년자녀를 둔 부모도 그럴 필요가 있다.

우리는 우리의 삶 속에서 행하신 하나님의 크신 일들을 공공연히 감사하고 찬양해야 한다. "대대로 주께서 행하시는 일을 크게 찬양하며 주의 능한 일을 선포하리로다"시 145:4. 우리는 우리 영혼과 마음의 대적으로부터 하나님이 어떻게 벗어나게 하시는지를, 그리고 우리의 자녀를 위해서도 같은 일을 행하실 수 있음을 그들에게 알려 줄 필요가 있다.

아울러 죄의 결과에 대한 사례들을 성년자녀에게 알려 주는 것도 좋은 일이다. 죄가 대적의 공격에 대해 문을 열어 준다는 점을 그들은 알 필요가 있다. 우리로 하여금 죄에서 돌이켜 치유와 회복을 발견하게 하는 하나님의 약속들을 그들에게 상기시키라. 자녀에게 가능한 한 자주 하나님 말씀에 대해 얘기하라. 만일 그들이 염려하면 하나님의 방식대로 사는 자들에게는 그 어떤 무기도 무용지물에 불과함을 알려 주라_{사 54:17}.

당신이 자녀에 대해 더 이상 권위를 행사하지 못할 수도 있지만, 마귀의 모든 능력에 대해서는 권위를 행사할 수 있다. 부정적인 생각과 감정과 태도는 영혼의 심각한 고통을 유발하여 인생을 파괴시키려는 대적의 책략일 수 있다. 사람이 자신의 불순종과 반역으로 대적을 의도적으로 초청할 수도 있다. 반역은 나쁜 태도로부터 시작된다. 그리고 그것이 삶 속에서 지속적으로 표출되면서 더욱더 확고해진다. 성경은 거역하는 것이 "점치는 죄"_{삼상 15:23}와 같다고 한다. 반역은 개인적인 파멸로 이르는 길이다. 올바른 태도에는 거역하는 모습이 보이지 않는다. 성년자녀가 반역적인 태도를 거부하고 찬양과 예배의 마음을 갖도록 기도하라.

우리 속에 계신 하나님이 사탄과 그의 계략보다 더 크심을 명심하라. "자녀들아 너희는 하나님께 속하였고 또 그들을 이기었나니 이는 너희 안에 계신 이가 세상에 있는 자보다 크심이라"_{요일 4:4}. 우리는 자녀에게 그 사실을 늘 상기시켜야 하며, 마음속에 이 진실을 깊이 새기도록 기도해야 한다. 그리스도인이란 "그리스도의 마음"_{고전 2:16}을 지닌 자임을 그들에게 상기시키라.

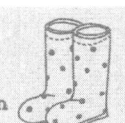

주여, 저의 자녀가 생각과 감정을 다스릴 수 있도록 도와주소서. 모든 생각을 사로잡아 그리스도께 복종하게 하소서고후 10:5. 머리에 떠오르는 생각을 무턱대고 간직할 것이 아니라, 마귀의 거짓 음성을 알아채는 분별력을 갖도록 도와주소서.

주께 영광 돌리지 못하는 것을 모두 거부하게 하소서. 천박한 서적과 잡지, 음악, 영화, 인터넷 및 TV 영상들을 멀리하고 주님을 기쁘시게 하는 생각을 하도록 도와주소서. 참되고 공정하고 순수하고 사랑스러우며 선하고 덕스럽고 칭찬할 만한 일들을 생각하도록 도우소서빌 4:8.

주님이 주시는 사랑과 능력과 건전한 마음을 선택하도록 도우소서. 그들을 덮고 있는 부정적인 감정의 먹구름을 없애 주소서. 그들이 혼란에서 벗어나 맑은 생각을 갖게 하소서. 그리스도의 마음을 품게 하시고빌 2:5, 그 심령으로 새로워지게 하소서엡 4:23.

교만을 제거하고 겸손하게 하소서. 거역하는 마음을 없애고 회개하게 하소서. 근심과 염려를 제거하고 평안을 베푸소서. 의심을 물리치는 믿음을 허락하소서. 믿음으로 자신의 내면에 있는 불안을 떨쳐버리게 하소서. 모든 분노를 없애 줄 평안과 인내와 용서하는 마음을 그들에게 주소서.

올바른 생각을 품는 지혜를 그들에게 베풀어 주소서. 선과 악을 분명하게 분별할 수 있게 하소서. 선악의 경계선을 넘어설 때마다 깨닫게 하시며, 주님의 마음을 아프시게 하는 것을 슬퍼하게 하소서. 그들의 마음이 주께 사로잡히기를 기도합니다. 주의 음성을 분명히 들을 때까지 주께 찬양과 경배를 올리도록 그들을 가르쳐 주소서.

만일 저의 자녀가 마음의 상처를 입었다면 그 나쁜 기억 속에 갇혀 있지 않도록 도와주소서. 혹시 제가 자녀의 앞을 가로막는 잘못을 했다면 주님의 용서를 간구합니다. 제가 자신을 용서하도록 그리고 자녀도 저를 용서할 수 있도록 도와주소서. 자녀가 잘못을 범하게 하는 부정적인 감정이 제 속에 있다면 우리 모두가 거기서 벗어나기 원합니다.

"죽고 사는 것이 혀의 힘에" 잠 18:21 달렸음을 알고 있습니다. 자녀에게 언제나 살리는 말을 하도록 도와주소서. 그들의 삶 속에서 하나님이 행하신 모든 선한 일들을 상기시키도록 저를 도우소서.

주여, 자녀를 주의 말씀으로 이끄소서. 그래서 그것을 읽을 때마다 그것이 "마음의 생각과 뜻을 판단" 히 4:12하게 하소서. 그들의 잘못된 생각이나 신념들을 드러내소서. 주님의 생각이 그들의 생각이 되게 하소서.

자녀가 어떤 생각이나 감정 때문에 힘들어할 때마다 주님의 강 같은 평안이 그들에게 임하기를 기도합니다 사 66:12. "모든 지각에 뛰어난 하나님의 평강이 그리스도 예수 안에서" 빌 4:7 저의 자녀의 마음과 생각을 지키시기를 기도합니다.

예수님의 이름으로 기도합니다. 아멘.

"너희는 이 세대를 본받지 말고 오직 마음을 새롭게 함으로 변화를 받아 하나님의 선하시고 기뻐하시고 온전하신 뜻이 무엇인지 분별하도록 하라" 롬 12:2.

"너희 안에 이 마음을 품으라 곧 그리스도 예수의 마음이니" 빌 2:5.

"그러므로 내가 이것을 말하며 주 안에서 증언하노니 이제부터 너희는 이 방인이 그 마음의 허망한 것으로 행함같이 행하지 말라 그들의 총명이 어두워지고 그들 가운데 있는 무지함과 그들의 마음이 굳어짐으로 말미암아 하나님의 생명에서 떠나 있도다" 엡 4:17-18.

"주께서 심지가 견고한 자를 평강하고 평강하도록 지키시리니 이는 그가 주를 신뢰함이니이다" 사 26:3.

"아무것도 염려하지 말고 다만 모든 일에 기도와 간구로, 너희 구할 것을 감사함으로 하나님께 아뢰라 그리하면 모든 지각에 뛰어난 하나님의 평강이 그리스도 예수 안에서 너희 마음과 생각을 지키시리라" 빌 4:6-7.

8장
악한 영향과 파괴적인 행동을 물리치도록 기도하라

The Power of Praying for Your Adult Children

오늘날의 문화 속에서 사는 사람들은 누구나 악한 영향에 직면한다. 만일 의도적으로 주의하지 않는다면, 마음과 생각은 영적인 바이러스에 감염되어 자신도 모르는 사이에 삶을 허물어뜨릴 수 있다.

악한 영향이 우리의 성년자녀를 압도할 때 그들은 알코올, 마약, 다이어트 장애, 포르노 같은 것들로 인해 파괴적인 행동을 보일 수 있다. 과거에는 주로 문제 가정 출신의 아이들이 나쁜 짓을 저지르고 심각한 문제에 빠져들곤 했다. 반면에 이제는 정상 가정 출신의 아이들마저 유혹에 빠져 끔찍하고 파괴적인 짓을 저지르곤 한다.

당신이 아무리 좋은 부모라도 자녀는 오늘날 문화의 어두운 면의 영향을 받을 수 있다. 세상의 악한 세력들의 끄는 힘이 강하다는 점을 늘 명심해야 한다. 자녀들이 마귀의 부단한 침투에 충분히 저항할 정도로 강해지도록 계속 기도해야 한다.

앞에서 나는 우리의 모든 자녀가 여호와의 교훈을 받을 것이라는 강력한 성경 말씀을 언급했다사 54:13. 이어서 이사야 54:17은 이렇게 말한다. "너를 치려고 제조된 모든 연장이 쓸모가 없을 것이라……이는 여호와의 종들의 기업이요 이는 그들이 내게서 얻은 공의니라 여호와의 말씀이니라." 이것은 반복하여 암기할 만한 가치가 있는 말씀이다.

우리는 주님에게서 의를 유업으로 받는다. 그분은 우리의 의이시다. 그 의는 악한 영향들을 물리치지만, 기도하지 않으면 그 의를 얻지 못한다. 예수님과 그분의 의를 얻기 위해서는 먼저 기도해야 한다. 그리고 우리를 위해 하나님이 마련하신 모든 것을 얻기 위해 기도해야 한다. 우리는 무엇을 '획득하기'earn 위해 기도하는 것이 아니라, 무엇인가를 '얻기'receive 위해 기도한다. 기도 없이는 이런 일들이 일어나지 않는다. 우리 몫의 일을 하지 않아도 하나님의 약속들이 저절로 성취되는 것은 아니다. 기도하지 않으면 대적은 우리를 공격하여 무너뜨리려할 것이다.

예수님은 사탄이 시몬 베드로를 공격하고 있음을 아셨다. 그래서 베드로로 하여금 그 공격에 대항하는 믿음을 갖도록 기도하셨다. "시몬아, 시몬아, 보라 사탄이 너희를 밀 까부르듯 하려고 요구하였으나 그러나 내가 너를 위하여 네 믿음이 떨어지지 않기를 기도하였노니 너는 돌이킨 후에 네 형제를 굳게 하라"눅 22:31-32. 예수님은 "사탄아, 물러가라" 하고 직접 명하실 수도 있었다. 하지만 그분은 대항할 수 있는 믿음을 갖는 것이 베드로의 할 일이라고 생각하셨다. 만일 예수님이 사탄의 공격에 제자들이 넘어지지 않도록 기도하셔야 했다면, 공격당하고 있는 성년자녀를 위해서는 우리가 훨씬 더 많이 기도해야 하지 않겠는가? 대적이 그들을 유혹할 때 우리는 하나님과 그분의 능력을 의지하는 강한 믿음을 갖도록 그들을 위해 기도할 수 있다.

예수님이 제자들에게 "유혹에 빠지지 않게 기도하라"고 당부하셨듯이눅 22:40, 우리도 자녀에게 그렇게 당부해야 한다. 우리는 그들을 위해 예수님의 이름으로 대적을 저지해야 하지만, 그들도 대적의 모든 유혹에 저항하며 기도할 수 있는 강한 믿음을 지녀야 한다.

예수님은 제자들을 사탄으로부터 보호해 주시도록 기도하셨다. "내가 비옵는 것은 그들을 세상에서 데려가시기를 위함이 아니요 다만 악에 빠지지 않게 보전하시기를 위함이니이다"요 17:15. 제자들은 3년 동안 예수님과 동행했고, 그분의 이적들을 보았으며, 그분의 설교와 하나님 나라에 관한 가르침을 들었다. 하지만 여전히 그들은 대적으로부터 보호받기 위한 기도를 필요로 했다.

자녀의 잘못이 아닐 때

성년자녀가 하나님의 방식으로 살고 아무 잘못을 저지르지 않는데도 나쁜 일들이 일어나고 그 삶에 악이 침투할 때 당신은 하나님이 그 와중에서 그들을 축복하실 것을 신뢰해야 한다. 요셉의 이야기가 완벽한 사례이다. 그는 무고하게 곤경을 당했지만 하나님이 그의 상황을 철저히 구속해 주셨다.

시기심에 사로잡힌 형들이 요셉을 종으로 팔았고, 요셉은 애굽으로 끌려갔다. 하지만 요셉이 경건하며 신실했기 때문에 하나님이 개입하셨다. 요셉과 관련하여 가장 중요한 사실은 주님이 그와 함께하셨다는 것이다. 다른 사람들도 그 사실을 분명히 보았다. "여호와께서 요셉과 함께하시므로……그의 주인이 여호와께서 그와 함께하심을 보며 또 여호와께서 그의 범사에 형통하게 하심을 보았더라……여호와께서 요셉을 위하여 그 애굽 사람의 집에 복을 내리시므로 여호와의 복이 그의 집과 밭에 있는 모든 소유에 미친지라"창 39:2-5.

악의 유혹에 직면할 때마다 요셉은 타협하지 않고 하나님의 법에 순종하려 했다. 그래서 그가 하는 모든 일에 주님이 함께하셨다. 하나님은 요셉을 위해 상황을 변화시켰을 뿐만 아니라, 마침내 그를 애굽의 2인자로 높이셨다. 훗날 그는 형들을 온전히 용서하고 가족을 재난으로부터 구해냈다. 과거의 악행을 깊이 뉘우치는 형들에게 그는 "당신들은 나를 해하려 하였으나 하나님은 그것을 선으로 바꾸사"창 50:20라고 말했다. 요셉이 노예로 팔리고 억울하게 투옥되는 것은 하나님의 뜻이 아니었다. 그러나 하나님은 그 상황을 통해 역사하여 요셉을 형통하게 하셨고, 마침내 그로 하여금 지음 받은 목적을 이루게 하셨다.

만일 성년자녀가 억울한 징벌을 당하고 있거나 곤경에 처했다면, 그 상황에서 주께 등을 돌리지 않고 그분께 더 가까이 나아가 찬양하도록 기도하라. 그들이 주님의 방식을 굳건히 붙들어 하나님의 축복을 받아 형통해지기를 기도하라. 하나님이 당신의 자녀의 힘든 상황

속에 개입하여 그 곤경을 유익으로 바꿔 주시기를 간구하라. 무엇보다도 성년자녀가 아무리 부당한 처지에 놓이더라도 늘 옳은 일을 행하도록 기도하라.

만일 자녀가 다른 사람의 죄 때문에 매우 힘든 처지에 놓여 있다면, 성경에서 하나님의 백성이 "광야에서 은혜를"렘 31:2 얻었음을 기억하라. 그들이 부당한 처지를 견뎌내고, 그 끔찍한 상황에서도 하나님의 은혜를 발견하도록 기도하라.

예수님은 자신 앞에 놓인 시련을 피하게 해달라고 기도하지 않으셨다. 자신의 뜻이 아니라 하나님의 뜻이 이루어지기를 기도하셨다눅 22:42. 그분이 자신의 뜻을 하늘 아버지께 복종시키셨을 때 "천사가 하늘로부터 예수께 나타나 힘을"눅 22:43 도왔다. 하늘로부터 공급된 힘이 그분 앞에 놓인 시련을 이겨 내게 했다. 자녀 앞에 놓인 곤경을 이겨내도록 하늘로부터 힘을 주실 것을 간구하라.

자녀가 잘못했을 때

만일 자녀가 악한 영향들과 파괴적인 행동을 거부하지 않음으로 인해 난관에 봉착했다면, 파멸에 처하기 전에 필요한 교훈을 배우도록 기도하라. 자신의 행위로 인해 그들이 어떤 결과에 직면해야 하든, 그것을 이겨낼 수 있는 힘을 주시도록 하나님께 기도하라. 그들이 회개하고 하나님의 뜻에 철저히 복종하도록 기도하라. 하나님은 겸손하고 회개하며 복종하는 심령을 도우신다. 그들에게 무슨 일이 일어나든, 당신은 그들의 목적 있는 미래를 위해 기도할 필요가 있다.

우리 자녀가 무슨 짓을 했더라도 그들을 포기할 수 없다. 물론 그들의 그릇된 행동을 너그럽게 봐주어 계속 죄악을 범하게 해선서는 안된다. 다만, 그들을 위한 기도를 포기해서는 안 된다. 하나님이 그들 속에 심어 두신 잠재력을 우리가 당장 볼 수는 없지만 계속 믿어야 한다. 당신의 성년자녀가 겸손하고 회개하며 순종적인 마음을 갖도록 기도하라.

다윗 왕은 너무나 많은 잘못을 범했다. 간음과 살인을 저질렀다. 거짓말을 했고 끔찍한 판단 착오를 범했다. 자신의 가정과 자녀도 제대로 관리하지 못했다. 그럼에도 불구하고, 하나님은 여전히 다윗에 대해 "내 마음에 맞는 사람이라 내 뜻을 다 이루리라"행 13:22고 말씀하셨다. 분명 "여호와는 중심을"삼상 16:7 보신다.

다윗이 잘못이나 실수를 범하지 않았던 것은 아니다. 그러나 신속하게 하나님 앞에 엎드려 회개했다. 그는 순종하는 마음을 지녔던 까닭에 자신의 실수와 잘못된 판단으로부터 깨우침을 받았고 방향을 전환했다. 죄를 지을 때마다 대가를 치렀지만 주님의 교정을 거부하지 않았다. "내 아들아 여호와의 징계를 경히 여기지 말라 그 꾸지람을 싫어하지 말라 대저 여호와께서 그 사랑하시는 자를 징계하시기를 마치 아비가 그 기뻐하는 아들을 징계함같이 하시느니라"잠 3:11-12.

이 이야기는 우리의 성년자녀가 무슨 짓을 범하든 하나님의 사랑과 은혜가 그들을 구속과 회복으로 이끄실 수 있음을 입증해 준다. 성년자녀의 회개하는 심령과 변화되는 삶을 위해 기도해야 한다. 그리고 우리에게 가해져야 할 징벌을 줄이고, 우리를 회복시키시는 하나님의 은혜에 감사해야 한다.

악한 영향을 거부하도록 기도하는 7가지 방법

❶ 진리를 보며 마귀에 의해 그 눈이 가려지지 않도록 기도하라

"만일 우리의 복음이 가리었으면 망하는 자들에게 가리어진 것이라 그 중에 이 세상의 신이 믿지 아니하는 자들의 마음을 혼미하게 하여 그리스도의 영광의 복음의 광채가 비치지 못하게 함이니 그리스도는 하나님의 형상이니라"고후 4:3-4.

❷ 인도하시는 하나님의 음성을 들을 수 있도록 기도하라

"너희가 오른쪽으로 치우치든지 왼쪽으로 치우치든지 네 뒤에서 말소리가 네 귀에 들려 이르기를 이것이 바른 길이니 너희는 이리로 가라 할 것이며"사 30:21.

❸ 마음이 지혜와 지식으로 가득해지도록 기도하라

"곧 지혜가 네 마음에 들어가며 지식이 네 영혼을 즐겁게 할 것이요 근신이 너를 지키며 명철이 너를 보호하여 악한 자의 길과 패역을 말하는 자에게서 건져 내리라"잠 2:10-12.

❹ 악으로부터 돌이키도록 기도하라

"유다 가문이 내가 그들에게 내리려 한 모든 재난을 듣고 각기 악한 길에서 돌이키리니 그리하면 내가 그 악과 죄를 용서하리라"렘 36:3.

❺ 영적 전투 중임을 이해하도록 기도하라

"우리의 씨름은 혈과 육을 상대하는 것이 아니요 통치자들과 권세들과 이 어둠의 세상 주관자들과 하늘에 있는 악의 영들을 상대함이라"엡 6:12.

❻ 시련을 통해 하나님께 돌이키도록 기도하라

"내가 탄식함으로 피곤하여 밤마다 눈물로 내 침상을 띄우며 내 요를 적시나이다 내 눈이 근심으로 말미암아 쇠하며 내 모든 대적으로 말미암아 어두워졌나이다 악을 행하는 너희는 다 나를 떠나라 여호와께서 내 울음 소리를 들으셨도다 여호와께서 내 간구를 들으셨음이여 여호와께서 내 기도를 받으시리로다"시 6:6-9.

❼ 하나님의 치유와 구원을 찬양하는 법을 배우도록 기도하라

"건지시는도다 여호와의 인자하심과 인생에게 행하신 기적으로 말미암아 그를 찬송할지로다 감사제를 드리며 노래하여 그가 행하신 일을 선포할지로다"시 107:20-22.

싸움에서 지고 있음을 느낀다면

만일 자녀가 악한 영향들과 파괴적인 행동에 사로잡혀 있다면 포기하거나 기도를 중단하지 말라. 성경은 어떻게 하나님이 자신의 백성을 대적으로부터 구원하셨는지를 거듭 언급한다. 하나님은 우리를 구원하실 수 있으며 계속 구원할 것을 약속하신다. 사도 바울은 이렇게 말했다. "우리는 우리 자신이 사형 선고를 받은 줄 알았으니 이는 우리로 자기를 의지하지 말고 오직 죽은 자를 다시 살리시는 하나님만 의지하게 하심이라 그가 이같이 큰 사망에서 우리를 건지셨고 또 건지실 것이며 이후에도 건지시기를 그에게 바라노라 너희도 우리를 위하여 간구함으로 도우라"고후 1:9-11. 우리와 자녀가 계속 기도하는 한 하나님은 구원과 회복의 손길을 결코 거두시지 않을 것이다.

때로는 당신이 기도하면 할수록 상황이 더 악화되는 것 같을 수도 있다. 그러나 당신은 물러설 수 없다. 만일 대적이 더 집요해진다면 더 간절히 기도할 필요가 있다. 승리에 가까워질수록 전투가 더 격렬해지는 경우가 종종 있다. 산모가 갓 태어난 아기를 보는 순간 출산의 고통을 잊듯이, 승리에 임박하여 당신은 기도 응답을 출산하기까지 고통을 견뎌 내며 기도를 계속해야 한다. "저녁에는 울음이 깃들일지라도 아침에는 기쁨이 오리로다"시 30:5. 바로 앞에 있는 성공의 기쁨을 생각하라.

슬픔이나 두려움이나 절망에 얽매이는 대신에 믿음을 주시는 주님께 소망을 두라. 눈에 보이는 것으로가 아니라 믿음으로 걸을 것을 결심하라. 당신의 성년자녀를 위한 꿈을 마음에 품고, 예수님의 이름으로 그들이 이미 승리했음을 선언하라.

자녀에게 하나님이 계시하실 것을 기도하라. 비록 하나님이 그들의 의지를 억지로 꺾으시지는 않겠지만, 당신이 기도할 때 하나님의 능력이 그들의 삶을 뚫고 들어갈 것이다. 하나님은 그들의 마음을 움직여 그분의 영향력을 받아들이게 하는 수많은 방법들을 지니고 계신다.

무엇보다도 과거의 실수 때문에 당신이 자녀를 위해 강력히 개입할 자격이 없다고 느끼게 만들려는 마귀의 술책에 넘어가지 말라. 당신이 어떤 일을 소홀히 했든, 또는 자녀를 키우면서 인간적인 연약함이나 무능함이나 한계나 과중한 짐 때문에 할 수 없었던 일이 무엇이든 하나님은 은혜와 능력의 성령을 그들의 삶에 임하시게 하셔서 그 모든 부족함을 넉넉히 채우실 수 있다. 당신은 성년자녀가 구원을 발견할 수 있도록 그들을 위해 구원자께 간구할 권리를 지니고 있다.

"하나님을 사랑하는 자 곧 그의 뜻대로 부르심을 입은 자들에게는 모든 것이 합력하여 선을"롬 8:28 이룸을 잊지 말라.

하나님은 그를 사랑하는 자들을 찾아 구원하기를 원하신다. "여호와의 눈은 온 땅을 두루 감찰하사 전심으로 자기에게 향하는 자들을 위하여 능력을 베푸시나니"대하 16:9. 오늘 당신과 당신의 성년자녀를 위해 능력을 보여 주실 것을 하나님께 간구하라.

거역하는 마음을 제거해 주실 것을 기도하라

잘못된 행위에 따른 결과의 심각성을 부모로부터 배우지 못하여 고통당하고 있는 성년자녀들이 너무나 많다. 하나님이 우리를 사랑하므로 우리를 바로잡으시듯이, 우리도 자녀를 바로잡아야 한다. 만일 그들을 바로잡지 않으면, 그들 멋대로 하도록 두거나 우리의 교정이 학대적인 모습을 띤다면 우리 역시 고통스러운 대가를 치러야 할 것이다. "채찍과 꾸지람이 지혜를 주거늘 임의로 행하게 버려 둔 자식은 어미를 욕되게 하느니라"잠 29:15.

하나님은 부모로서 느끼는 우리의 고통과 슬픔, 갈등, 상심, 실망을 이해하신다. 하나님은 우주의 전능하신 왕이요 만물의 창조주이시지만 우리의 하늘 아버지이기도 하시다. 하나님의 자녀인 우리가 거역하며 은혜를 모르고 제멋대로 한다면 분명 그분은 슬퍼하실 것이다. 우리는 부모로서 자녀의 실수나 나쁜 선택들에 대해 슬퍼해야 한다. 그들에게 해로운 일이 생길 때 우리의 마음은 아프며, 그들이 하나님의 방식을 거역할 때는 화가 난다.

누구나 부모로서 실수를 저지르기 마련이다. 따라서 주님의 십자가 앞에 나아가 "주여, 저의 자녀가 어릴 적에 제가 그들을 징계하지 못함으로 인해 그들의 반역심을 조장하고 죄의 호된 결과도 이해하지 못하게 했는지를 제게 보여 주소서."라고 기도하라. 만일 자녀를 제멋대로 하도록 두거나 필요한 징계를 가하지 않았던 면들을 알게 되었다면, 마귀에게 승리를 빼앗기지 말라. 그것을 하나님 앞에 자백하라.

성경에서 하나님의 마음에 합한 자로 불렸던 다윗 왕은 부모로서는 실패했다. 그는 자신이 옳다고 여겼던 것과 반대되는 끔찍한 짓들을 저질렀다. 다윗의 반역적인 아들인 아도니야에 대해 성경은 "그의 아버지가 네가 어찌하여 그리하였느냐고 하는 말로 한 번도 그를 섭섭하게 한 일이 없었더라"왕상 1:6고 말한다. 다윗은 아도니야를 전혀 징계하지 않았고, 그 때문에 아도니야가 훌륭한 인격을 갖추지 못하고 자기 중심적인 인간이 되었다. 그는 아버지를 대항하여 반역했다가 비참한 최후를 맞았다. 징계를 받지 않은 자녀들은 자기 중심적이며 마침내 자신을 파멸로 이끈다. 다윗은 아들을 하나님의 사람으로 만드는 데 필요한 일을 하지 않았다.

아도니야의 이야기는 자녀를 주님의 방식으로 양육하지 않을 때 그 결과가 얼마나 심각한지를 보여 준다. 그러나 하나님은 아무도 아도니야처럼 멸망하기를 원하지 않으신다. 그분은 모두 회개하기를 원하신다벧후 3:9.

사랑의 징계를 받고 규칙과 제한들을 배우는 아이들은 자라서 더 안정된 성년이 된다. 자녀 양육에는 사랑의 징계가 필요하며, 그 상급은 크다. "무릇 징계가 당시에는 즐거워 보이지 않고 슬퍼 보이나 후에 그로 말미암아 연단받은 자들은 의와 평강의 열매를 맺느니라"히 12:11. 성경은 "아이를 훈계하지 아니하려고 하지 말라"잠 23:13고 가르친다. 징계 방법이 자녀의 운명에 영향을 미친다는 말이다. 자녀를 징계하면 "그의 영혼을 스올에서 구원"잠 23:14하게 된다.

달리 말해서, 자녀를 징계하지 않으면 마귀가 그들을 사로잡을 것이다. 징계는 자녀를 대적으로부터 지켜 준다. 그리고 우리를 평안하게 한다. "네 자식을 징계하라 그리하면 그가 너를 평안하게 하겠고 또 네 마음에 기쁨을 주리라"잠 29:17. 아무런 징계가 따르지 않는 불순종은 거역하는 마음을 위한 문을 열어 준다. 거역하는 마음은 마귀의 영향에 쏠리게 한다. "마귀에게 틈을 주지 말라"엡 4:27고 성경은 가르친다. 거역하는 성격은 그 마음속에 마귀의 자리가 마련되었음을 뜻한다. 거역은 모든 지혜와 분별력을 사라지게 하고 어둡고 악한 영역으로 마음을 열게 한다삼상 15:23. 거역은 결코 무해하지 않으며 언제나 문제를 일으킨다. 자녀의 거역하는 마음을 깨트려 주실 것을 기도하라.

당신의 기도는 자녀의 삶 속에 마귀가 침투하지 못하게 한다. 당신의 싸움이 자녀에 대한 것이 아니라 마귀에 대한 것임을 기억하라. 또한 당신 안에 계시는 성령은 자녀들 속에서 영향을 미치는 마귀보다 더 강하심을 기억하라. 하나님께 너무 힘든 일이란 없다. "주 여호와여 주께서 큰 능력과 펴신 팔로 천지를 지으셨사오니 주에게는 할 수 없는 일이 없으시니이다"렘 32:17.

자녀가 하나님을 아무리 멀리 떠났어도, 또는 그들의 거역하는 마음이 아무리 깊더라도 하나님은 그들을 구원하여 회복시킬 것을 약속하셨다. "내 종 야곱아 두려워하지 말라 이스라엘아 놀라지 말라 보라 내가 너를 먼 곳에서 구원하며 네 자손을 포로된 땅에서 구원하리니"렘 46:27. "주님이 저의 성년자녀를 사로잡힌 땅으로부터 돌아오게 하실 것을 감사합니다."라고 매일 아뢰라.

기도 지원 부탁을 주저하지 말라

본장은 다른 장들보다 길다. 이는 생사가 걸린 주제들을 다루고 있기 때문이다. 만일 이것들에 대해 기도하지 않으면, 그 결과는 비참할 수 있다. 이것은 매우 긴박한 일이다. 당신의 성년자녀가 심각한 문제로 씨름할 때 당신 혼자서만 기도해서는 안 되는 것도 바로 그 때문이다. 다른 사람들과 협력하라. 이것은 금식 기도 다음으로 당신이 할 수 있는 가장 강력한 일이다.

잭 헤이포드 목사는 협력 기도의 힘에 관한 한 설교에서 이 점을 언급했다. "기도 협력자가 늘어나면 그 효력도 커진다고 하는 성경적인 원칙이 있습니다. 주님이 친히 이르시기를, 다섯이 백을 쫓고 백이 만을 쫓을 것이라고 했습니다레 26:8. 이는 하나님이 인원 수에 연연하신다는 뜻이 아닙니다. 협력하여 기도할 때 그 기도의 힘이 커진다는 뜻일 뿐입니다. 협력한다는 말 속에는 같은 믿음과 열정과 집중력을 발휘한다는 뜻이 포함되어 있습니다"행 2:1, 2:46, 4:24, 5:12.

그는 계속해서 설명하기를, 우리가 "무엇을 위해 기도하고 있는지를 정확히 파악해야 하며, 그 일들이 일어나기를 기대하는 성경적인 근거를 이해해야 합니다."라고 했다. 그렇게 할 때 우리의 기도는 집중력을 발휘한다. 내가 다른 사람들과 함께 기도하기를 좋아하는 이유 중 하나도 바로 이것이다. 당신이 기도하고 있는 문제가 심각할 때에는 기도 지원을 부탁하라. 다른 사람들에게 기도 부탁하는 것을 주저하지 말라. 당신의 관심사들에 대해, 특히 당신의 성년자녀에 대해 함께 기도하기를 원하는 사람들이 많이 있다.

제자들이 기도하려고 다른 사람들과 함께 모였을 때 성령이 강력하게 임하셨다. "빌기를 다하매 모인 곳이 진동하더니 무리가 다 성령이 충만하여 담대히 하나님의 말씀을 전하니라 믿는 무리가 한마음과 한뜻이 되어"행 4:31-32.

기도의 힘이 강화된 원인이 단지 여러 사람들이 모였기 때문만은 아니었다. 더 많은 믿음이 집중력 있게 결합되었다. 우리가 중요한 문제에 대해 한마음으로 기도할 때 놀라운 일이 일어난다.

또한 "큰 은혜"가 그들 모두에게 임했다고 한다행 4:33.

은혜는 우리에게 주어지는 하나님의 과분한 은총이다. 그러나 여기서 언급된 "큰 은혜"는 기도에 대한 응답으로 우리의 삶 속에 나타나는 성령의 능력을 말한다. 흔들려야 할 장소가 우리에게 필요하다. 그것이 꼭 집이나 방이어야 하는 것은 아니며, 어떤 상황이나 마음의 상태일 수도 있다.

유다 총독이었던 스룹바벨에게 하나님의 성전 재건이라는 책임이 주어졌다. 하지만 그는 사람의 힘이나 자원을 의지하지 말라는 지시를 받았다. 그는 주님을 의지해야 했다. 하나님은 이렇게 말씀하셨다. "이는 힘으로 되지 아니하며 능력으로 되지 아니하고 오직 나의 영으로 되느니라 큰 산아 네가 무엇이냐 네가 스룹바벨 앞에서 평지가 되리라 그가 머릿돌을 내놓을 때에 무리가 외치기를 은총, 은총이 그에게 있을지어다 하리라"슥 4:6-7.

산과 같은 어떤 방해나 장애들이 우리 앞이나 자녀 앞을 막아설 때 하나님의 은혜를 말하는 것은 믿음의 행위이다. 상황을 변화시킬 힘이 우리에게 있지 않고 하나님께 있음을 인정하는 것이다. 하나님은 은혜의 성령을 통해 그 일을 행하실 것이다.

당신이나 당신의 자녀를 막아서는 난관이 어떠하든, 하나님께 기도하며 그 난관에 대해 '은혜'를 외치라. 그리고 당신이 부숴 버리고 싶은 난관을 구체적으로 언급하라. 예를 들어, 이렇게 말하라.

"주님, 딸의 나쁜 습관에 대해 은혜를 간구합니다."

"주님, 아들의 마약 문제에 대해 은혜를 간구합니다."

"주님, 딸의 다이어트 장애에 대해 은혜를 간구합니다."

"주님, 아들의 경제적인 문제에 대해 은혜를 간구합니다."

당신의 성년자녀가 어떤 난관에 직면했든 은혜를 간구하라. 성년자녀가 주께로 돌이키도록 기도하라.

성경에 주님이 선지자 예레미야를 통해 타락으로 멸망당하는 도시에게 말씀하시는 내용이 나온다. 하나님은 그들이 당신께로 돌이켜 회개하면 회복시켜 줄 것을 약속하신다. 이는 그들만이 아니라 그들의 자녀들을 위한 약속이기도 했다. 성경은 여호와의 자비가 영원하다고 말한다시 89:28. 그 말씀은 당시의 이스라엘 백성에 대한 것이다. 그러나 우리는 그 말씀이 마귀에게 잡혀 간 성년자녀를 위해 울며 기도하는 우리에게도 적용됨을 믿을 수 있다.

그 약속은 이러하다. "네 울음소리와 네 눈물을 멈추어라 네 일에 삯을 받을 것인즉 그들이 그의 대적의 땅에서 돌아오리라 여호와의 말씀이니라 너의 장래에 소망이 있을 것이라 너의 자녀가 자기들의 지경으로 돌아오리라"렘 31:16-17.

만일 성년자녀가 악한 영향들에 사로잡혀 있다면, 위의 구절들을 다시 읽고 그 내용이 당신에게 주시는 하나님의 말씀인 것을 믿으라. 이 구절들은 성년자녀를 위한 우리의 간절한 기도가 응답될 것임을 말해 준다. 분명히 그들은 자신을 사로잡았던 대적의 땅으로부터 돌아올 것이다.

이것은 하나님이 마련하신 길을 떠나 방황하는 성년자녀를 둔 부모에게는 위대한 약속이다. 그 길이 어떤 것인지 당신이 정확히 알 수는 없다. 하지만 당신은 현재 그들이 그 길을 걷고 있지 않다는 것은 분명히 알고 있다. 이것은 당신의 성년자녀를 위해서도 소망의 메시지다. 대적이 그들을 아무리 멀리 사로잡아 갔을지라도 그들은 대적의 땅으로부터 돌아올 것이기 때문이다.

하나님의 약속들은 저절로 수혜 자격을 얻게 해주는 프로그램 같은 것이 아니다. 우리에게 무엇인가가 요구된다. 우리가 획득하지 않은 것을 즐기는 것도 사실이지만, 그것을 얻기 위해 여전히 기도해야 한다. 우리가 성년자녀를 위해 기도하면서 울 수는 있지만, 절망 속에 울어서는 안 된다. 우리는 성년자녀를 올바른 길로 돌이키게 하신다는 하나님의 약속으로 인해 찬양을 올릴 수 있다.

만일 성년자녀가 신앙이나 가족으로부터 이탈했다면, 또는 그들이 당신의 양육 방식과는 거리가 먼 생활 방식을 택하여 근심하게 한다면, 그들의 돌이킴과 회복을 위해 기도하라. 그들이 곧바로 당신에게로 돌아올 것이라고 기대하지는 말라. 당신이 기도할 때 하나님은 당신과 자녀와의 간격을 좁히고 대화의 장을 다시 열도록 도와주실 것이다.

하나님은 당신의 눈물을 보시며 당신의 기도를 들으신다. 그들이 대적의 땅으로부터 하나님 나라로 돌아올 때까지 계속 기도하라. 기도를 포기하지 말라. 일하실 기회를 하나님께 드리라. 성년자녀의 의지가 강함을 기억하라. 하나님은 강제적인 개입을 원하지 않으신다.

성년자녀를 위해 기도하면서 울었던 적이 몇 번이나 되는가? 그들의 부서진 모습을 볼 때 우리의 마음도 부서진다. 성경은 "울며 씨를 뿌리러 나가는 자는 반드시 기쁨으로 그 곡식 단을 가지고 돌아오리로다"시 126:6라고 말한다. 우리가 기도로 씨를 뿌리고 고통과 슬픔의 눈물로 물을 줄 때 강력한 일이 일어난다. 열정적으로 울면서 기도할 때 당신은 영적인 영역에서 위대한 어떤 일이 이루어지고 있음을 알고 기뻐하게 될 것이다. 그리고 물리적인 영역에서도 위대한 일을 보게 될 것이다.

꼭 들을 필요가 있는 말에 귀 기울이지 않을 때

본서의 1부에서 말했듯이, 우리는 성년자녀에게 위험한 상황이 닥치려 하는 것을 볼 때 뒷전에 물러 앉아 방관만 할 수 없다. 무슨 말인가를 해줘야 한다. 남편과 나 둘 다 우리 아이들에게 그렇게 했다. 그리고 그럴 때마다 분노로 하지 않고 사랑으로 했다. 그럴 때 선뜻 사랑으로 대하는 것은 우리의 자연스러운 반응이 아니었다. 하지만 우리는 좋은 결과를 볼 수 있는 유일한 방법이 사랑의 반응이라고 하는 담임 목사의 지혜로운 조언을 들었다.

우리는 성년자녀들에게 그들의 행동이 하나님의 뜻에 합당한 길을 이탈한 것임을 알려 주었다. 개입할 능력이 우리에게 있는 한 그들의 잘못된 길을 계속 방치할 수 없다고도 말했다. 우리가 그들을 너무 사랑하므로 벼랑길을 걸어가도록 방치할 수 없다고 말했다.

또한 우리는 그들의 삶에서 잘못된 부분을 계시해 주실 것을 주님께 간구했다고 그들에게 말했다. 우리의 지적을 받았을 때 그들은 곧바로 회개했고 삶의 방향을 수정했다. 그들은 불경건한 사람들의 영향을 받아 그릇된 방향으로 나아가고 있었다.

그들을 만나기 전에 우리는 뜨겁게 기도했다. 인간적인 분노에 사로잡히지 않고 주님의 성령 안에서 그들을 만나고 싶었다. 왜냐하면 우리는 그들의 마음이 변화되고 눈이 열려 진리를 보게 되기를 원했기 때문이다. 우리가 그렇게 했다는 사실에 대해 하나님께 감사드린다. 그것이 아이들의 삶에 중요한 전환점이 되었다는 사실에도 감사한다. 당시에는 그것이 우리 모두를 비참하게 했지만, 그것으로 인해 너무나 많은 유익을 얻었다. 그래서 나는 그 모든 과정 속에 주님이 함께하셨음을 알고 있다.

자녀가 성년이기 때문에 더 이상 당신의 조언을 필요로 하지 않는다고 생각하지 말라. 그들이 요청하든 요청하지 않든, 그들에게는 그것이 필요하다. 적절한 시기를 고르라. 그렇다고 자잘한 일에까지 간섭하지는 말라. 그들이 수용적인 듯할 때에만 삼가서 조언하라. 그러나 만일 그들이 위기에 몰리고 있다면, 주저하지 말고 개입하여 상황이 호전되도록 도우라.

만일 당신이 삶 속에서 성부 하나님의 권위에 복종한다면 성년자녀의 삶 속에서 더욱 큰 권위를 가질 것이다. 이는 성년자녀로 하여금 당신의 방식을 따르게 한다는 뜻이 아니다. 그들이 필요로 할 때 신뢰할 만한 조언을 그들에게 해줄 수 있다는 뜻이다. 우리는 성년자녀가 스스로 생각하며 판단할 수 있기를 원한다. 그들의 결정을 지지하고 싶지만, 그것이 매우 그릇된 결정일 경우에는 신뢰할 만한 조언을 해주기를 원한다.

만일 성년자녀에게 받아들여지기 힘들 것으로 짐작되는 어떤 말을 해야 한다면 먼저 기도하라. 적절한 시간에 적절한 말을 할 수 있게 해주시기를, 성년자녀가 수용하는 마음을 가질 수 있기를 기도하라.

만일 당신이 성년자녀를 올바른 길로 이끌게 해주시기를 하나님께 간구했다면, 하나님이 그 일을 언제 행하시는지 자각하라. 때때로 하나님은 그들의 행위를 재고하게 하기 위해 어떤 일들을 일어나게 하시거나 일어나지 않게 하신다. 돌파구가 열렸음을 자각하는 것은 소중한 경험이다.

성년자녀에 대해서는 당신의 육감을 신뢰하라. 육감에 따라 그들을 의심하는 것이 늘 옳은 것은 아니지만, 마귀에 대해서는 늘 의심해야 한다. 만일 성년자녀에게서 옳지 않은 어떤 것을, 또는 그들과 관련하여 당신을 괴롭히는 어떤 것을 감지한다면 그 육감을 신뢰하라. 하나님은 멀리서도 자녀의 죄악을 감지할 수 있는 거룩한 특별 안테나를 부모에게 주신다. 모든 죄악을 드러내어 회개와 구원과 치유가 시작될 수 있게 해주시기를 곧바로 기도하라. 당신은 그렇게 할 수 있다. 마귀는 거짓말만 한다. 모든 진리가 밝히 드러나기를 기도하라.

주님, 저의 성년자녀가 선악과 옳고 그름, 생명을 주는 것과 파괴시키는 것, 그리고 안전하고 복된 미래와 사망으로 이끄는 길을 분별할 수 있게 해주소서. 그들이 세상을 본받지 않고 주님을 본받기를 기도합니다. 그들로 하여금 성령이 주시는 지혜와 분별력으로 마귀와 그의 계획에 대비할 수 있게 하소서. "이 패역한 세대에서 구원을"행 2:40 얻도록 그들을 도와주소서.

세상 문화가 그들을 사로잡지 않기를 기도합니다. 세상의 죄악을 향한 마음을 돌이키시고, 오직 주께만 향하게 하소서. 주님과 주의 능력을 신뢰하도록 도우시며 "마귀에게 틈을 주지"엡 4:27 않게 하소서. 주의 인도하심을 구하며 살아가게 하소서.

주여, 저의 성년자녀를 위해 기도하오니 곤경에 처한 저들을 위해 "피할 곳"이 되어 주소서. 곤경의 때에 그들의 힘이 되시며 악한 자로부터 그들을 구원하소서시 37:39-40.

주여, 자녀를 위해 기도하는 법을 알게 하소서. 필요할 때 그들을 지적해 줄 수 있는 용기를 주소서. 적절한 때에 적절한 말을 해주기 원합니다. 그들의 마음 문을 열어 저의 말을 듣게 하소서. 그들이 주의 길을 이탈할 때마다, 선한 목자이신 주님의 막대기로 되돌려 주시기를 기도합니다.

저의 성년자녀의 생각이나 감정이나 삶에 대해 모두 알지는 못하지만 주님은 다 아십니다. 그들의 그릇된 생각을 명백히 드러내어 회개하게 하소서. 그들이 대적의 덫에 걸려 있을 때마다 구출해 주소서. 그들에게 해를 끼치거나 그들을 죄악으로 이끌려는 사람들로부터 벗어나게 하소서. 유혹에 빠지지 않게 하소서.

그들이 악의 희생자로 전락할 때 그들을 건져 치유와 회복에 이르게 하소서. 그 과정에서 유익을 얻게 하소서. 주님은 억울한 모함을 겪었던 요셉을 민족의 구원자로 세우셨듯이, 저의 자녀도 곤경을 극복하고 큰일을 이루게 하소서. 그들이 "광야에서 은혜를" 렘 31:2 얻게 하소서.

자녀를 악한 자로부터 지켜 보호하소서. 그들의 눈을 열어 주의 진리를 보게 하소서. 그래서 모든 거짓으로부터 벗어나게 하소서. 그들을 주의 뜻에 합당한 길에서 이탈하도록 유혹하는 마음속의 그릇된 우상들을 모조리 깨트리소서. 마음을 새롭게 하여 주님의 온전하신 뜻 안에서 살아가게 하소서 롬 12:1-2. 주님이 저의 성년자녀의 의지를 억지로 꺾지는 않으심을 압니다. 주의 성령의 능력으로 그들의 삶에 개입하셔서 그 심령을 변화시켜 주소서.

제가 낙심하거나 영적 싸움에서 질까 봐 두려울 때마다 주님께 찬양을 올립니다. 이는 주님이 저의 자녀에게 닥치는 그 어떤 악한 영향보다 훨씬 더 크시기 때문입니다. 주의 성령의 능력으로 기도하오니, 저의 성년자녀가 악한 영향들과 파괴적인 행동에서 벗어나게 하소서. 모든 것을 밝히시는 주님의 빛으로 그들의 속에 있는 모든 잘못들을 드러내어 그들을 구원과 자유로 이끄소서.

예수님의 이름으로 기도합니다. 아멘.

능 · 력 · 의 · 말 · 씀

"너는 마음을 다하여 여호와를 신뢰하고 네 명철을 의지하지 말라 너는 범사에 그를 인정하라 그리하면 네 길을 지도하시리라" 잠 3:5-6.

"우리의 싸우는 무기는 육신에 속한 것이 아니요 오직 어떤 견고한 진도 무너뜨리는 하나님의 능력이라" 고후 10:4.

"여호와를 사랑하는 너희여 악을 미워하라 그가 그의 성도의 영혼을 보전하사 악인의 손에서 건지시느니라 의인을 위하여 빛을 뿌리고 마음이 정직한 자를 위하여 기쁨을 뿌리시는도다 의인이여 너희는 여호와로 말미암아 기뻐하며 그의 거룩한 이름에 감사할지어다" 시 97:10-12.

"여호와는 나의 반석이시요 나의 요새시요 나를 건지시는 이시요 나의 하나님이시요 내가 그 안에 피할 나의 바위시요" 시 18:2.

"이는 힘으로 되지 아니하며 능력으로 되지 아니하고 오직 나의 영으로 되느니라" 슥 4:6.

9장
성적 타락과 유혹을 피하도록 기도하라

The Power of Praying for Your Adult Children

첫아이가 태어난 이후 30여 년 동안, 나는 TV 프로그램 이 심각하게 변화되는 것을 보아 왔다. 아이들이 어렸을 때, 우리는 낮 동안 좀처럼 TV를 켜지 않았다. 남편과 내가 저녁에 뉴스나 스포츠 프로그램, 흥미로운 특별 프로그램을 보려고 TV를 켜는 시간에는 아이들이 이미 잠자리에 들어 있었다. 아이들에게 TV를 못 보게 한 것은 그들의 시청 내용이 두려워서가 아니라, 그들의 두뇌가 마비되고 창의성에 지장이 있을까 우려했기 때문이다. 나는 아이들이 가급적 밖에서는 많이 놀고, 집 안에서는 책을 읽거나 장난감과 게임 등을 즐기기를 원했다.

나는 아이들에게 유익하다고 생각되는 비디오들을 보도록 허락했다. 그리고 매우 재미있는 특별 TV쇼들도 보게 했다. 그러나 대체로 아이들은 바쁘게 지내서 TV에 의존하지 않았다. 그들은 친구 집에 있을 때에도, 나는 그들이 무슨 TV프로그램을 보나 하고 염려하지 않았다. 요즘은 그렇지 않다.

만일 요즘 내가 아이들을 키우고 있다면, TV를 그들의 손에 닿는 곳에 두어야 할지 고민할 것이다. 오늘날에는 성년인 나도 TV채널을 마구 돌리기가 겁난다. 유해한 것들이 너무나 많기 때문이다. 내가 그토록 끔찍한 자료에 노출됨으로써 내 속에 계신 성령을 근심하게 하고 내 영혼을 망가뜨릴 수는 없다. 오늘날 TV에 나오는 내용 중에 우리의 삶을 타락시키는 것들이 너무 많다. 불경스러움과 부도덕성과 하나님에 대한 모독, 그리고 경건한 것에 대한 멸시와 불경한 것에 대한 찬사에 우리의 감각들이 쉽게 둔해질 수 있다.

성년자녀들은 이런 부류의 영향에 오랫동안 노출되어 왔다. 학교들은 하나님이 존재하시고, 기독교가 우리의 삶과 연관됨을 보여 주는 증거들을 모조리 제거하려 해왔다. 성경의 가르침이 허락되지 않는다. 기도가 금지된다. 모든 경건한 정보가 제거되어 왔다. 하나님에 관한 모든 것을 반대하는 세력들이 가득하고, 선을 악으로, 악을 선으로 받아들이도록 종용한다. 세상의 음성은 윤리의 음성을 쓸어내려고 한다.

무엇보다도, 곳곳에 만연한 난잡한 성행위와 성적 도착이라는 죄악이 그들의 삶을 혼란에 빠뜨린다. 성적 도착이 정상적일 뿐만 아니라 바람직한 것으로 조장된다. 죄악이 우리의 자녀들을 표적으로 삼고 있다. 난잡한 성행위나 혼전 성관계가 옳다고 믿게 할 뿐 아니라, 마치 통과의례처럼 기대하도록 유도한다. 혼외 성행위를 노골적으로 지지하는 듯하다. 문란한 태도는 모든 사람을 감염시키는 역병이 되었다. 이제 우리는 그 위험성에 둔감해졌다. 성적인 이미지를 지닌 광고방송도 우리의 생각을 오염시킬 수 있다.

성공적인 삶을 위해서는 성적 순결이 매우 중요하다. 그것은 그들 존재에 영향을 미치며, 결혼에 영향을 미친다. 성적으로 오염되면 인간관계가 약해지고, 참된 목적과 정체성을 잃게 된다.

당신이나 성년자녀가 포르노를 본 적이 없기 때문에 어떤 식으로도 오염되지 않았다고 생각하지는 말라. 육욕의 영은 어디에나 있다. 성년자녀가 차를 몰다가 광고판에서 성적인 이미지들을 볼 수 있다. 집에서 컴퓨터에 한 번 클릭만 하면 음란물이 열린다. 잡지들에서도 그런 것을 볼 수 있다. 뮤직비디오에서도 보며 노래의 가사에서도 그런 것을 듣는다. 섹스는 우리의 문화가 숭배하는 우상이 되었고, 성년자녀는 그것을 너무 많이 생각하도록 유혹받고 있다.

무심결에라도 우리 눈에 들어오는 것은 우리가 생각하는 것 이상으로 큰 영향을 준다. 이미지들이 마음속에서 작용을 거듭하여 충격, 육욕, 죄책감, 혐오, 불쾌감과 같은 무수한 감정들을 일으킨다. 이 이미지들은 우리가 원하지 않는 곳으로 갈 마음을 품게 한다. 그럴 때 우리는 그런 생각이나 감정을 처리하느라고 소중한 시간을 허비해야 한다. 그것이 판단력을 흩트리지 않도록 우리 마음에서 그것을 제거해주실 것을 하나님께 간구해야 한다. 하나님의 말씀은 우리가 악한 것들을 멀리해야 함을 거듭 강조한다. 그러나 죄악은 예상하지 않은 순간에 끼어든다. 성년자녀들의 경우에는 특히 그렇다.

이 모든 사실은 성년자녀를 둘러싼 흑암의 권세를 깨트려 주시도록 우리가 하나님께 열정적으로 기도해야 함을 뜻한다.

성적 타락에 저항하도록 기도하는 10가지 방법

❶ 성령 충만해지도록 기도하라

성령 충만은 새로운 눈을 갖게 할 것이다. 하나님의 관점에서 볼 수 있고 육욕의 영을 통한 성적 타락의 공격에 더욱 잘 저항할 수 있다. "육신의 생각은 사망이요 영의 생각은 생명과 평안이니라"롬 8:6.

❷ 하나님과 그분의 말씀과 방식을 따르는 마음을 갖도록 기도하라

하나님의 일들에 가까워지면 하나님을 대적하는 것들로부터 멀어진다. 하나님의 말씀과 그분의 방식을 따르는 마음을 지니면 성적인 이미지에 대해 또는 하나님의 방식을 거스르는 행위들에 대해 불편해질 것이다. "정직한 자의 공의는 자기를 건지려니와 사악한 자는 자기의 악에 잡히리라"잠 11:6.

❸ 지혜와 분별력과 계시를 얻도록 기도하라

성적 타락인지를 분명히 알기 위해 지혜와 분별력이 필요하다. 또한 그들은 자신을 보호하고 순결하게 사는 법에 관한 하나님의 계시를 필요로 한다. "곧 지혜가 네 마음에 들어가며 지식이 네 영혼을 즐겁게 할 것이요 근신이 너를 지키며 명철이 너를 보호하여 악한 자의 길과 패역을 말하는 자에게서 건져 내리라"잠 2:10-12.

❹ 자유와 회복과 강건함을 찾도록 기도하라

성적 타락으로 유도하는 모든 것으로부터 자유로워지도록 기도하라. 대중매체를 통해 그들의 마음속에 자리잡은 성적인 이미지처럼 그들을 붙들고 있는 모든 것으로부터 벗어나도록 기도하라. 그들이 과거의 상처나 성적인 실패에서 회복되어 다시 순결과 강건함을 얻을 수 있도록 기도하라. "그런즉 너희는 하나님께 복종할지어다 마귀를 대적하라 그리하면 너희를 피하리라"약 4:7.

❺ 무가치한 것들에 주목하지 않도록 기도하라

하나님을 대적하며 자신의 삶에 아무런 유익도 주지 않는 것에 곁눈질조차 하지 않도록 그들을 위해 기도하라. "내 눈을 돌이켜 허탄한 것을 보지 말게 하시고 주의 길에서 나를 살아나게 하소서 주를 경외하게 하는 주의 말씀을 주의 종에게 세우소서"시 119:37-38.

❻ 하나님의 뜻에 합당한 길과 목적에서 벗어나지 않도록 기도하라

하나님의 뜻을 어기지 않도록 늘 삶의 목적을 기억하는 것이 중요하다. "네 눈은 바로 보며 네 눈꺼풀은 네 앞을 곧게 살펴"잠 4:25.

❼ 육욕으로 인해 영혼이 파괴됨을 인식하도록 기도하라

'다 그렇게 한다고 해서' 괜찮은 것은 아니다. 하나님은 그 이상을 기대하신다. 그들은 이 영적 전투에서 대적에게 맞서야 한다. "사랑하는 자들아 거류민과 나그네 같은 너희를 권하노니 영혼을 거슬러 싸우는 육체의 정욕을 제어하라"벧전 2:11.

❽ 어떤 형태의 육욕이든 하나님의 뜻에 위배됨을 깨닫도록 기도하라

자녀들의 삶에 대한 하나님의 뜻을 이해하는 것을 최우선적으로 고려할 필요가 있다. "그 후로는 다시 사람의 정욕을 따르지 않고 하나님의 뜻을 따라 육체의 남은 때를 살게 하려 함이라" 벧전 4:2.

❾ 하나님의 성령 안에서 살도록 기도하라

자녀들은 무엇이 성령께 속한 것인지 그리고 무엇이 육신의 욕구인지를 분명하게 이해할 필요가 있다. "내가 이르노니 너희는 성령을 따라 행하라 그리하면 육체의 욕심을 이루지 아니하리라" 갈 5:16.

❿ 성적 타락의 유혹을 받을 때 주님께 달려가도록 기도하라

그렇게 하지 않는 데 따르는 결과는 너무 심각하여 생각할 수조차 없다. 그것은 여러 면에서 생사의 문제이다. "고난 당하기 전에는 내가 그릇 행하였더니 이제는 주의 말씀을 지키나이다" 시 119:67.

이미 문제가 있다면

만일 성년자녀에게 부도덕한 생활 방식이나 포르노에 대한 관심과 같은 문제가 있음을 알거나 의심하고 있다면, 그들을 위해 금식하며 기도하라. 18−24시간 동안의 금식 기도만으로도 기적적인 돌파구가 마련될 수 있다. 하나님은 금식의 목적이 "흉악의 결박을 풀어 주며 멍에의 줄을 끌러 주며 압제 당하는 자를 자유하게 하며 모든 멍에를 꺾는 것" 시 58:6이라고 하신다. 이런 일들이 당신의 자녀에게 일어나는 것을 보는 것은 영광스러운 일이다. 당신이 금식하며 기도하지 않는다면 누가 하겠는가? 성년자녀는 당신의 도움을 필요로 한다.

마귀는 당신 자녀의 약점을 알고 있고 그곳을 공격할 것이다. 만일 정욕의 영이 그들의 마음을 통제하면 그들의 영혼과 생명마저도 파괴할 수 있다. 그들이 음란한 이미지를 한순간만 보아도 마귀는 그들의 마음속에 그것을 거듭 상기시킬 수 있다. "음녀로 말미암아 사람이 한 조각 떡만 남게 됨이며 음란한 여인은 귀한 생명을 사냥함이니라 사람이 불을 품에 품고서야 어찌 그의 옷이 타지 아니하겠으며"잠 6:26-27. 성적 타락은 사람의 현 상태뿐만 아니라 그의 가능성마저 파괴하기 시작한다.

우리가 죄를 범할 때마다 악한 영이 우리의 삶 속에 요새를 세우려 하고, 거듭 죄에 빠질 때 그 요새는 더욱 강화된다. 회개하지 않은 죄는 우리의 삶에 죄악을 부르며 하나님으로부터 멀어지게 한다. 우리가 하나님의 방식을 따르기 위해 죄를 포기할 때까지 하나님은 우리를 내버려 두실 것이다.

예수님은 "누구든지 나를 따라오려거든 자기를 부인하고 자기 십자가를 지고 나를 따를 것이니라"마 16:24고 말씀하셨다. 당신의 성년자녀가 성적으로 타락하려는 자신을 부인하고 모든 유혹을 거부하도록 기도하라. 성경은 "회개하고 하나님께로 돌아와서 회개에 합당한 일을 하라"행 26:20고 말한다. 당신의 자녀가 회개하고 이제까지의 일을 중단하며 하나님의 방식에 따르는 삶을 시작하도록 기도하라.

이 문제로 씨름하는 사람은 혼자서는 할 수 없다전 4:12. 이것이 당신의 성년자녀를 붙들고 있는 심각한 문제라면, 이 문제를 놓고 함께 기도할 사람들을 찾으라.

하나님은 죄악으로 인해 허물어진 곳에 서서 기도할 사람들을 찾으신다. 에스겔서에서 하나님은 "이 땅을 위하여 성을 쌓으며 성 무너진 데를 막아서서 나로 하여금 멸하지 못하게 할 사람을 내가 그 가운데에서 찾다가 찾지 못하였으므로"겔 22:30라고 말씀하셨다. 여기서 '무너진 데'란 하나님과 사람 사이의 갈라진 틈이며, 그곳을 막아서는 사람은 기도하는 사람이다. 이 무너진 곳은 허물어져 수리를 필요로 하는 방어벽이 있는 곳이기도 하다. 하나님은 기도할 사람을 한 명도 찾지 못하셨다.

다른 사람을 위해 하나님 앞에 서는 사람이 중보자이다. 성년자녀가 하나님의 율법을 어김에 따라 그들을 둘러싼 방어벽이 무너질 때, 우리는 그들을 위한 중보자로서 그곳에 설 수 있다. 우리의 기도가 허물어진 방어벽을 다시 세우도록 도울 수 있다.

이스라엘을 억압하는 자들로부터의 구원을 비는 기도에서 시편 기자는 하나님이 그들을 잊지 않고 그들과의 언약을 기억하실 것을 간구했다. "그 언약을 눈여겨 보소서 무릇 땅의 어두운 곳에 포악한 자의 처소가 가득하나이다"시 74:20. 오늘날에도 마찬가지다. 이 세상의 어두운 곳들도 강포한 자의 처소로 가득하다. 성적 타락이 잦다. "포악한 자의 처소"는 포르노, 강요된 매춘, 그리고 특히 아동 포르노와 성적 학대 등을 포함한다. 다른 것들도 많지만 이것들이 가장 심각하다. 그리고 이것들은 성적으로 타락한 이미지를 흘낏 보거나 생각하거나 행동으로 옮김으로써 시작된다.

우리는 성년자녀가 주님 안에서 참된 자유를 얻기를 원한다. "그들이 주를 앙망하고 광채를 내었으니 그들의 얼굴은 부끄럽지"시 34:5 않기를 바란다. 우리는 성적으로 타락하고 있는 그들을 구해내며 지키기 위해 기도해야 한다.

능 · 력 · 의 · 기 · 도   The Power of Praying for Your Adult Children

주님, 저의 성년자녀를 모든 성적 타락에서 벗어나게 하소서. 순결을 더럽히는 것들을 볼 때마다 그 마음과 생각에서 그것을 깨끗이 제거해 주소서. 만일 그들이 주님의 기준에 위배되는 것을 받아들인다면 그 양심을 일깨워 회개하게 하소서. 모든 우상과 혐오스러운 것들로부터 돌이키도록 도와주소서겔 14:6. 영혼을 사망으로 이끄는 모든 정욕을 깨트리소서겔 18:31~32.

성적 타락으로부터 돌이키도록, 그리고 세상 우상들에 의해 더럽혀지지 않도록겔 23:30 도와주소서. 확신 있게 채널을 돌려 버리고, 웹사이트를 닫게 하소서. 혹은 극장에서 나오게 하소서잠 27:12. 주님의 뜻에 합당한 길을 심지어 마음속으로라도 벗어나면 함정과 올무에 빠지게 됨을 깨닫게 하소서.

그들이 주님 보시기에 정결한 터 위에 서게 하소서. 주님의 방식에 본의 아니게 불순종했더라도 회개해야 함을 깨닫도록 하시고, 그들의 마음에 주의 말씀을 간직하여 죄를 범하지 않도록 도우소서시 119:9-11. 그들이 분별력과 지식과 명철을 얻어 죄악에서 구원받게 하소서잠 2:10-12. 불경건한 소원에서 벗어나게 해주소서. 성령 안에서 행함으로써 주님을 기쁘시게 하려는 마음을 그들에게 넣어 주소서롬 8:8. 유혹에 직면할 때면 언제나 주께로 돌이킬 수 있음을 알도록 도와주소서시 141:8. 자유케 하시는 주님의 능력을 깨닫도록 도우소서. 그들의 눈을 허탄한 것들로부터 돌이키게 하소서시 119:37. 그들이 말과 행위에 주의하며 악한 길에 들어서지 않게 하소서잠 4:26-27.

그들이 도덕적으로 실패할 때마다 주께 나아가 씻음 받게 하소서. 그들이 파멸의 길로 이끄는 유혹에 넘어가지 않게 하소서. 진리로 위장한 모든 거짓을 볼 수 있도록 그들의 눈을 여소서. 모든 유혹을 거부할 수 있게 하소서. 그들에게 "지혜와 계시의 영"엡 1:17-18을 주셔서 지음 받은 목적을 깨닫게 하소서.

악한 것을 보기만 해도 죄가 일어난다고 말씀하셨습니다마 5:28. 하지만 주님은 죄악 성향을 제거하는 방법을 알려 주셨습니다마 5:29. 제 자녀가 영혼을 더럽히는 것을 무엇이든 제거하기를 기도합니다. 성적 타락을 봄으로써 눈이 흐려지는 일이 없도록 도와주소서. 그들이 주님을 바라보게 하소서시 123:1. 다윗처럼 "나는 비천한 것을 내 눈 앞에 두지 아니할 것이요"시 101:3라고 고백할 수 있게 하소서.

예수님의 이름으로 기도합니다. 아멘.

능 · 력 · 의 · 말 · 씀

"이는 세상에 있는 모든 것이 육신의 정욕과 안목의 정욕과 이생의 자랑이
니 다 아버지께로부터 온 것이 아니요 세상으로부터 온 것이라" 요일 2:16.

"너희는 마음을 돌이켜 우상을 떠나고 얼굴을 돌려 모든 가증한 것을 떠나
라" 겔 14:6.

"여호와의 산에 오를 자가 누구며 그의 거룩한 곳에 설 자가 누구인가 곧
손이 깨끗하며 마음이 청결하며 뜻을 허탄한 데에 두지 아니하며 거짓 맹
세하지 아니하는 자로다 그는 여호와께 복을 받고 구원의 하나님께 의를
얻으리니" 시 24:3-5.

"슬기로운 자는 재앙을 보면 숨어 피하여도 어리석은 자들은 나가다가 해
를 받느니라" 잠 27:12.

"그러므로 너희 죄를 서로 고백하며 병이 낫기를 위하여 서로 기도하라 의
인의 간구는 역사하는 힘이 큼이니라" 약 5:16.

10장
건강과 하나님의 치유를 체험하도록 기도하라

The Power of Praying for Your Adult Children

나는 자녀가 건강한 습관을 갖도록 양육했다. 균형 잡힌 식사와 운동을 하고 충분한 수면을 취하는 법을 자녀들은 알고 있다. 초등학교 시절, 아이들 모두 개근상을 받았을 정도로 어렸을 때 많이 아픈 적이 없었다. 하지만 독자적인 삶을 시작한 후에는 건망증에 걸렸다. 어릴 적에 배운 것을 거의 잊어버렸다. 그들은 먹고 싶은 대로 먹었고, 운동은 거의 하지 않았으며, 고약한 잠버릇을 지니게 되었다.

그들은 정크푸드를 먹고 운동을 하지 않았을 뿐만 아니라, 충분한 숙면을 취하지 않는 경우가 너무 많았다. 나는 그런 습관이 몸에 어떤 영향을 주는지 알고 있었기 때문에 몹시 염려스러웠다. 그래서 그들에게 거듭 얘기했지만 소 귀에 경 읽기였다. 그들이 의도적으로 거부하는 것은 아니었다. 다만 그런 생활 방식을 나중에 고쳐도 된다고 생각했을 뿐이다. 나중에 한 말에 의하면, 어릴 적에 건강했기 때문에 자신의 건강을 당연하게 여겼고, 앞으로도 건강할 줄 알았다고 한다.

나는 그들이 심각한 문제에 직면하기 전에 잘못된 생활 습관을 깨닫도록 기도했다. "주여, 그들의 몸이 주의 성전임을 깨닫도록 도와주시고, 그들의 몸을 잘 보살피도록 가르쳐 주소서. 건강을 해치기 전에 그들을 깨우쳐 주소서." 그들은 각자 불쾌한 증상을 느끼고 나서야 비로소 생활 방식을 바꾸었다.

20대에 그들은 자신의 건강에 심각한 문제가 있음을 알게 되었다. 그들에게 특정한 증상들이 보이기 시작했을 때 나는 너무 늦어지기 전에 정신을 차리게 해주실 것을 기도 모임에서 함께 기도했다.

그 무렵에 아만다의 병세가 심해져서 신체 부위 중 안 아픈 곳이 거의 없었다. 그러나 의사들은 아만다에게 무슨 문제가 있는지를 찾아내지 못했다. 딸은 몸무게가 많이 줄어 자신이 너무 야위어 보여서 걱정이었다. 딸의 몸에 전면적인 공격이 가해지고 있는 것 같았고, 견디기 힘든 지경에 이르고 있었다. 여러 전문의들을 찾아다닌 후에 하나님은 특정한 의사에게로 우리를 인도하셨다. 그 의사는 여러 가지를 검사하고 나서 '글루텐 과민증'이라는 진단을 내렸다. 밀 성분을 지닌 모든 음식과 글루텐을 함유한 다른 모든 곡류도 딸의 몸에 치명적인 영향을 미쳤다. 쌀과 옥수수를 제외한 거의 모든 곡류에는 글루텐이 함유되어 있다.

의사는 엄격한 글루텐 제한식을 제안했고, 딸은 호전되기 시작했다. 또 다른 전문의는 아만다에게 알레르기 반응을 일으키는 다른 음식들과 신체상의 다른 불균형 사항들도 찾아냈다. 이들의 조언에 따라 글루텐 제한식을 잘 지켰더니 딸의 생활이 완전히 바뀌었다. 딸은 활기차고 튼튼하게 살고 있다.

하나님은 우리의 기도에 응답하셨지만, 지금도 우리는 아만다가 이모든 알레르기로부터 완전히 치유되도록 기도하고 있다. 알레르기는 딸의 삶을 몹시 힘들게 하는데, 특히 여행할 때 그렇다. 하나님은 불가능을 가능하게 하시는 분이기에, 우리는 하나님이 인간적으로 불가능한 일을 하셔서 딸을 이 고통에서 벗어나게 하실 것을 기도하며 믿고 있다. 하나님이 그렇게 하거나 하시지 않는 것은 그분의 손에 달려 있다. 현재 아만다는 새로운 섭식법을 익혔고, 다시는 건강 문제로 고통당하지 않도록 최선을 다하고 있다.

아들 크리스의 증상도 아만다만큼이나 심각했다. 크리스는 심한 현기증과 몸의 한쪽이 마비되는 것 같은 증세를 느끼기 시작했다. 마치 뇌졸중이나 심장마비 증세가 있는 것처럼 말이다. 그는 여러 번 의사나 응급실을 찾아갔고, 검사 결과가 나올 때마다 아무런 이상이 없었기 때문에 의사들은 그의 증세가 스트레스와 관련된 것이라고 말했다. 그리고 스트레스 관련 증상을 해결해 줄 정신과의사를 찾아가 볼 것을 권했다. 그러나 정신과의사는 크리스의 증상이 스트레스와는 무관하다고 말했다.

그래서 정신과의사가 크리스를 신경과의사에게로 보냈고, 신경과의사는 몇 가지를 더 검사한 후에 그의 증상이 다발성 경화증이나 경미한 심장마비로 인한 것일 수 있다고 말했다. 더욱 정확한 진단을 위해 정밀 검사를 받을 것도 권했다.

아들과 나는 각기 의학 서적을 뒤져서 다발성 경화증에 대해 살펴보았다. 놀랍게도 아들의 증상은 책에 설명된 다발성 경화증과 너무나 흡사했다. 나는 이런 일이 일어나지 않기를 여러 해 동안 기도해 왔었다. 건강했던 아들이 건강관리를 소홀히 하여 이 몹쓸 병에 걸렸다고 생각하니 가슴이 아팠다. 아들도 몹시 염려했다.

나는 기도 모임에서 기도를 부탁했고, 남편과 아들 그리고 딸과 함께 매일 밤낮으로 간절히 기도했다. 아들이 그런 몹쓸 병에 걸리지 않게 해주시기를 간구하는 기도였다. 또한 아들이 그런 병에 걸렸다면 하나님이 치유해 주실 것도 간구했다.

어느 날 이른 아침에 기도하면서, 나는 아들이 태어난 때부터 심지어 그가 태어나기 전부터 아들의 건강을 위해 매일 기도했었다는 점을 하나님께 말씀드렸다. 그리고 아들이 성년으로서 건강하도록 그리고 자신의 몸을 혹사하지 않도록 매일 간절히 기도했다. 그러자 하나님은 성경 말씀을 생각나게 해주셨다. 여호와의 종들의 자녀는 재난에 걸리지 않는다는, 하나님을 섬기는 자들과 그 자녀는 축복을 받는다는 말씀이었다사 65:23. 내 아들은 태어날 때부터 주님께 바쳐졌고, 나는 아들을 위해 매일 기도했다. 나는 하나님이 우리 아들의 건강 문제와 관련하여 그분의 약속을 믿으라고 말씀하심을 느꼈다. 나는 아들과 딸과 남편에게 내 생각을 얘기하고 모두 함께 기도했다. "주님, 크리스가 재난을 당하지 않게 해주시니 감사합니다."

며칠 후 우리는 그것이 다발성 경화증이나 뇌졸중이 아님을 알게 되었다. 아들은 매일 먹어 온 콜라나 특정 스낵들에 함유된 합성감미료에 심한 알레르기 반응을 보이는 것으로 밝혀졌다.

우리는 딸을 도와주었던 동일한 전문의에게 아들을 보냈다. 그 전문의는 아들이 다른 여러 가지 것들에도 알레르기 반응을 보인다는 점을 찾아냈다. 아들은 결핍된 것을 보충 받고 적절한 식이요법과 알레르기 치료를 받았다. 지금은 두 자녀 모두가 일주일에 다섯 번을 체육관에서 운동한다.

위의 두 사례는 우리 모두에게 놀라운 경험이었다. 두 자녀 모두의 건강에 아무런 문제가 없는 것 같은 때가 있었기 때문이다. 그러나 낙심스러운 일이 닥쳤을 때 우리는 더욱 열심히 기도했다. 우리가 기도를 포기하지 않은 것은 하나님의 도우심과 치유를 반드시 얻을 줄로 확신했기 때문이다.

나의 아들과 딸은 인생의 중대한 전환을 경험했다. 그들은 새로운 삶을 얻었고, 다른 사람들도 같은 경험을 하도록 도와주기를 원한다. 그래서 현재 아들은 레코드 제작자와 작사가로서 일하는 한편 전인적 영양학holistic nutrition 석사 과정을 밟고 있다. 우리가 몸을 올바로 관리하면 몸에 놀라운 변화가 일어날 수 있음을 그는 알게 되었다. 딸도 같은 이유로 물리치료의 특정 분야를 공부하고 있다. 딸은 터치테라피의 치유력을 알고 있으며, 다른 사람들도 고통에서 해방되어 스스로의 힘으로 건강과 치유를 경험하도록 그들을 도와주기를 원한다.

내 자녀가 이런 일들을 하리라고는 꿈도 꾸지 않았다. 또한 내가 그들에게서 건강에 대한 조언을 받으리라고는 생각도 하지 않았다. 그들의 건강을 위해 내가 밤낮으로 기도했던 수년 전과 비교하면 너무나 달라졌다. 하나님은 그들을 치유하셨을 뿐만 아니라, 그들의 삶까지 완전히 전환시키셨다.

만일 당신이 성년자녀의 생활습관을 볼 때 그들의 건강이 염려스럽다면, 그들의 깨우침을 위한 당신의 기도가 결코 헛되지 않음을 기억하라. 하나님이 당신의 기도에 응답해 주실 것이다. 결과를 볼 때까지 기도를 멈추지만 말라.

건강 유지법을 배우도록

본장에서는 건강관리와 치유라고 하는 두 가지 다른 주제들을 다룬다. 건강관리는 우리 몸을 보호하기 위해 행하는 것이다. 우리는 올바르게 그리고 주의 깊게 몸을 보살핀다. 치유는 우리의 기도에 대한 하나님의 응답과 관련된 것이다.

하나님은 우리 몸을 청지기로서 잘 관리하기를 기대하신다. 어떤 식으로든 학대하지 않기를 원하신다. 건강을 잃은 후에야 몸을 돌보느라고 애쓴다는 것은 서글픈 사실이다.

건강에 별 문제가 없다고 생각할 때 자신의 몸에 대해 무관심해질 수 있다. 또한 우리는 건강에 대한 배려를 멀리하는 경향이 있다. 그러면서 끝없이 핑계를 댄다. "나는 너무 바빠.", "나는 굳이 그럴 필요가 없어." 우리는 절제하기 힘들거나 아예 절제를 원하지 않는다.

건강 유지를 위해 어떻게 해야 하는지 자녀에게 보여 주실 것을 하나님께 간구하라. 무엇을 먹어야 하고, 운동을 어떻게 해야 하는지, 충분한 숙면을 취하기 위해 해야 할 일과 하지 말아야 할 일이 무엇인지 그들에게 가르쳐 주실 것을 간구하라. 건강을 위해 올바른 선택을 하는 지혜와 자신에게 좋은 것과 나쁜 것을 아는 분별력을 그들에게 주실 것을 간구하라.

치유자 예수님을 알도록

우리는 예수님이 우리의 치유자이심을 확신해야 한다. 하나님은 우리가 모든 일을 완벽하게 할 수 없음을 아신다.

우리는 자녀의 건강 습관은 물론, 그들이 예수님을 치유자로 알도록 기도해야 한다. 그들이 병들거나 다칠 때 예수님의 이름으로 치유받기 위해 기도하는 법을 알아야 한다. 건강관리에 실패할 때, 그들은 회복시키는 하나님의 능력을 필요로 한다.

성령 충만했던 베드로는 요한과 함께 성전으로 들어가다가 나면서부터 앉은뱅이인 사람을 보았다. 베드로는 "은과 금은 내게 없거니와 내게 있는 이것을 네게 주노니 나사렛 예수 그리스도의 이름으로 일어나 걸으라"행 3:6고 하면서 그를 일으켜 주었다. 그것을 보고 놀라는 사람들에게 베드로는 "우리 개인의 권능과 경건으로 이 사람을 걷게 한 것처럼 왜 우리를 주목하느냐"행 3:12라고 물었다. 그런 후에 "그 이름을 믿으므로 그 이름이 너희가 보고 아는 이 사람을 성하게 하였나니 예수로 말미암아 난 믿음이 너희 모든 사람 앞에서 이같이 완전히 낫게 하였느니라"^{행 3:16}라고 하였다.

베드로의 말은 그 치유가 자신의 특별한 능력에 의한 것이 아니라, 예수라는 이름의 능력에 의한 것이라는 뜻이다. 예수님의 이름에 대한 믿음이 치유 능력에 불을 지피고, 기도는 그 능력을 실제적인 치유로 연결시킨다.

이 내용에서 우리는 어떻게 기도해야 하는지 분명하게 알 수 있다. 베드로는 나사렛 예수 그리스도의 이름으로 기도했다. 이 예수님을 통해 치유 기적이 일어났음을 베드로는 강조했다.

우리가 예수 그리스도를 주님으로 고백한다면, 그의 이름으로 질병을 떠나게 하는 힘과 권세를 얻었다고 고백한다면, 이는 모든 질병과 지옥의 권세를 제압하는 권세를 지녔음을 선언하는 것이다. 예수님이 십자가 상에서 이루신 일로 인해 그 이름에는 능력이 있다. 치유는 우리 믿음의 힘이 아니다. 그것은 우리가 예수님의 이름을 믿기 때문에 일어난다. 능력은 그분의 이름에 있다.

우리 영혼의 대적은 우리가 연약하여 절망적임을, 하나님이 우리나 자녀를 치유하실 방법이 없음을 설득시키려고 늘 애쓴다. 또한 그는 절망이 질병만큼이나 연약하게 함을 알고 있다. 사실 절망은 질병을 악화시킬 수 있다. 따라서 우리는 성경 말씀이 진실이며, 예수님의 말씀이 진실임을 믿는 믿음이 커지도록 기도해야 한다. 우리 안에 있는 소망이 결코 시들해지지 않도록 기도해야 한다. 이 소망은 우리를 위해 예수님이 이루신 일로 인한 것이다.

나면서부터 앉은뱅이였던 남자는 예수님의 이름의 능력 때문에 치유되었다. 베드로가 예수님의 이름으로 기도했을 때에만 그 이름이 능력을 발휘했을까? 아니면 믿는 자라면 누구나 예수 그리스도의 이름으로 기도할 때 그 이름이 능력을 발휘하는 것일까? 하나님이 어제나 오늘이나 영원토록 동일하시다면 그리고 예수님이 십자가에서 이루신 일이 모든 시대와 모든 사람들을 위한 것이라면, 그분의 이름의 능력은 지금 믿는 우리를 위한 것이기도 하다고 나는 믿는다. 그것은 단지 그 시점의 베드로와 요한을 위한 것만이 아니다.

하나님의 말씀을 통해서 약속받은 것을 사람들로 인해 빼앗기지 말라. 하나님이 침묵하시며 더 이상 사람들에게 말씀하시지 않는다거나 더 이상 기적을 행하시지 않는다고 하는 말을 듣지 말라. 하나님은 어제나 오늘이나 영원토록 동일하시다. 성경은 하나님이 어떤 분이었는지를 말하지 않고 현재 어떤 분인지를 알려 준다. 예수님의 이름과 치유 능력을 믿는 당신의 신앙을 손상시키려는 자들을 주의하라. 그는 치유자이셨다. 그는 치유자이시다. 그리고 그는 항상 앞으로도 치유자이실 것이다.

건강과 치유를 위한 5가지 기도 방법

❶ 자신의 몸이 주께 얼마나 중요한 것인지 깨닫도록 기도하라

"너희 몸은 너희가 하나님께로부터 받은 바 너희 가운데 계신 성령의 전인 줄을 알지 못하느냐 너희는 너희 자신의 것이 아니라 값으로 산 것이 되었으니 그런즉 너희 몸으로 하나님께 영광을 돌리라"고전 6:19-20.

❷ 하나님의 방식대로 살도록 기도하라

"공의로운 길에 생명이 있나니 그 길에는 사망이 없느니라" 잠 12:28.

❸ 하나님을 치유자로 알도록 기도하라

"나는 너희를 치료하는 여호와임이라" 출 15:26.

❹ 치유를 위해 기도하는 강한 믿음을 지니도록 기도하라

"믿음의 기도는 병든 자를 구원하리니 주께서 그를 일으키시리라 혹시 죄를 범하였을지라도 사하심을 받으리라" 약 5:15.

❺ 하나님의 치유를 받도록 기도하라

"내가 너의 상처로부터 새 살이 돋아나게 하여 너를 고쳐 주리라" 렘 30:17.

치유에 관한 말씀을 담대히 전할 수 있도록 기도하라

감옥에서 풀려난 베드로와 요한이 동료들에게 가서 방금 있었던 일을 알려 주었을 때 동료들은 이렇게 기도했다. "대주재여 천지와 바다와 그 가운데 만물을 지은 이시요……주여 이제도 그들의 위협함을 굽어보시옵고 또 종들로 하여금 담대히 하나님의 말씀을 전하게 하여 주시오며 손을 내밀어 병을 낫게 하시옵고 표적과 기사가 거룩한 종 예수의 이름으로 이루어지게 하옵소서 하더라 빌기를 다하매 모인 곳이 진동하더니 무리가 다 성령이 충만하여 담대히 하나님의 말씀을 전하니라" 행 4:24, 29-31.

이 강력한 진동이 일어난 것은 그들이 같은 확신과 믿음과 의도로 합심하여 기도했기 때문이다. 그들은 담대히 하나님의 말씀을 전할 수 있게 해달라고 간구했다. 손을 내밀어 병을 낫게 하며 표적과 기사가 예수님의 이름으로 이루어지게 해달라고 간구했다. 하나님은 그 기도에 강력한 방식으로 응답하셨다.

우리도 담대히 하나님의 말씀을, 특히 치유에 관한 성경 말씀을 전하도록 도와주실 것을 하나님께 간구할 수 있다. 본장의 마지막 페이지에 수록된 "능력의 말씀"에서 그런 성경 말씀을 일부 소개할 것이다. 오늘 하나님 말씀을 담대히 전할 수 있게 해주실 것을 하나님께 간구하라. 그렇게 하면, 예수님의 이름으로 치유하시는 하나님에 대한 당신의 믿음이 강해질 것이다.

건강 상의 심각한 위협에 직면할 때

만일 성년자녀가 건강 상으로 심각한 위협에 직면하면, 예수님을 치유자이시며, 그분의 이름으로 드리는 기도가 치유력을 발휘한다고 믿는 다른 신자들과 함께 기도하라. 믿음으로 하나님의 말씀을 전하며, 우리를 위해 역사하시는 하나님의 큰 능력을 찬양하라.

당신의 성년자녀가 하나님의 방식에 불순종한 것이 있는지 보여 주실 것을 간구하라. 이스라엘 백성을 애굽에서 이끌어내어 홍해를 건너 광야로 들어갔을 때, 모세는 마실 물을 찾도록 도와주실 것을 하나님께 간구했다. 하나님은 오염된 물을 정화하는 법을 알려 주신 후에 이르시기를, 만일 그들이 여호와의 명령을 지키면 그들을 질병으로부터 지켜 주며 치료해 주겠다고 하셨다 출 15:26.

하나님은 우리가 건강과 치유를 기대한다면 그분의 방식대로 살아야 함을 분명히 하셨다. 너무나 자주 우리는 자신의 몸을 괴롭히며, 평안과 기쁨이 없이 살아가고, 부주의하거나 부실하게 먹으며, 충분한 수면을 취하지도 운동을 하지도 않는다. 혹은 허약함이나 질병을 유발하는 죄악에 넘어간다. 성년자녀의 실상을 보여 주실 것을 하나님께 간구하라.

기대와는 달리 치유가 천국에서나 이루어지게 될 경우도 있다. 자녀를 위한 기도가 그런 식으로 응답될 경우에는, 당신의 심령을 치유하고 회복시켜 주시도록 하나님께 기도하라. 자신의 자녀를 묻어야 하는 것보다 더 큰 고통은 없을 것이다. 그 고통을 견뎌낼 수 있게 하는 것은 하나님의 은혜와 사랑뿐이다. 사람의 죽는 시간은 전적으로 하나님의 손에 달려 있다.

죽은 자녀가 주님을 영접했다면, 그는 지금 주님과 함께 있다. 만일 그가 죽기 전에 주님을 영접했는지 모른다면, 지금 그가 어디에 있는지 알 수 없다. 어떤 사람이 죽기 직전에 예수님을 구주로 영접했는지에 대해서는 우리가 결코 알 수 없다. 그것을 아는 분은 하나님뿐이시다. 하나님은 아무도 멸망하지 않기를 원하신다는 사실에 위안을 얻으라. 하나님의 사랑과 선하심을 알기에, 나는 그분이 많은 사람들을 죽기 전에 구속해 오셨을 줄로 믿는다. 주님과 함께한다면, 그들이 몇 살에 이 세상을 떠났든 당신의 자녀를 다시 볼 소망은 언제나 남아 있다.

나는 치료가 언제나 하나님의 뜻에 달린 것이라고 믿는다. 만일 예수님이 우리를 치유하기를 원하지 않으신다면 왜 우리의 치유자로 오셨겠는가? 왜 치유에 관한 언급이 성경에 그토록 많이 나오겠는가? 간구하는 사람들 중에 왜 치유 받지 못하는 사람도 있는지에 대해서는 하나님만이 아신다. 하나님의 치유 약속들을 선언하며 예수님의 이름이 지닌 치유력을 확신하는 방법을 알려 주시도록 기도하라. 의사의 진단이 어떠하든지, 온전한 치유를 위한 기도를 중단하지 말라. 당신의 성년자녀가 길게 그리고 건강하게 살도록 매일 기도하라.

능 · 력 · 의 · 기 · 도   The Power of Praying
for Your Adult Children

주여, 저의 자녀를 건강하고 오래 살게 해주소서. 자신의 몸이 성령의 전임을, 그리고 몸을 학대하거나 소홀히 하지 않고 잘 돌봐야 함을 인식하는 지혜와 지식을 허락하소서. 건강을 주님의 선물로 알고, 건강을 허비하지 않고 잘 보존하도록 그들을 도와주소서.

지혜로운 선택을 하는 법과 건강을 망치는 모든 것을 거부하는 법을 가르쳐 주소서. 식사와 운동과 적절한 휴식을 취하기 위한 훈련법을 가르쳐 주소서. 자신의 몸을 복종시키도록 도와주소서고전 9:27. 무엇을 하며 무엇을 하지 말지에 대한, 선한 것과 나쁜 것에 대한 지혜와 분별력을 그들에게 주소서. 자신의 건강을 해치게 만들었던 부주의한 생활 습관을 자각하도록 그들을 도우소서. 자신의 몸을 돌볼 가치가 있는 것으로 여기게 하시며 올바른 생활 방식을 그들에게 가르쳐 주소서.

그들이 자신의 치유를 위해 기도하는 법을 배우게 하소서. 예수님의 이름을 믿는 믿음이 자라게 해주소서. 십자가에서 실현된 치유를 선언할 수 있는 깨달음을 허락하소서. 그들을 괴롭히는 질병이나 허약함이나 상처가 무엇이든, 그것을 깨끗이 치유해 주소서. 주님의 온전한 치유를 보기 전까지 결코 기도를 포기하지 않도록 도우소서. 그들의 치유가 즉각적이든 아니면 서서히 회복되는 형태이든, 저는 주의 기적적인 치유를 믿고 미리 감사드립니다. 그들을 치유한 것이 사람의 힘이 아니라 주님의 능력임을 알게 하소서.

의사들로 하여금 올바로 진단하게 하시며, 해야 할 일을 정확히 알게 해주소서. 치유 시간이 오래 걸릴 것 같을 때에는, 낙심하거나 소망을 잃지 않고 더 간절하게 기도하도록 우리를 도우소서.

그들이 아플 때마다 주께서 치유해 주시기를 기도합니다. 저의 자녀를 위해 기도하며, (   ) 부위의 치유를 위해 기도합니다. 그들의 건강을 회복시켜 주시며 그 모든 상처를 고쳐 주소서렘 30:17. "여호와 내 하나님이여 내가 주께 부르짖으매 나를 고치셨나이다"시 30:2라고 말할 수 있는 지식과 믿음을 그들에게 허락하소서. 주님이 치유하시면 우리가 진정으로 낫는다는 것을 저는 알고 있습니다렘 17:14.

자신의 몸을 잘 관리하며 건강을 당연시하지 않도록 그들을 도우소서. 자신의 몸을 하나님이 기뻐하시는 거룩한 산제사로 드려야 함을 깨닫도록 가르쳐 주소서롬 12:1. 그들의 몸이 주님의 성전이므로 그것을 잘 보살펴 주께 영광 돌려야 함을 깨닫게 하소서.

예수님의 이름으로 기도합니다. 아멘.

"내 영혼아 여호와를 송축하며 그의 모든 은택을 잊지 말지어다 그가 네 모든 죄악을 사하시며 네 모든 병을 고치시며 네 생명을 파멸에서 속량하시고 인자와 긍휼로 관을 씌우시며" 시 103:2-4.

"여호와여 주는 나의 찬송이시오니 나를 고치소서 그리하시면 내가 낫겠나이다 나를 구원하소서 그리하시면 내가 구원을 얻으리이다" 렘 17:14.

"너희가 너희 하나님 나 여호와의 말을 청종하고 나의 보기에 의를 행하며 내 계명에 귀를 기울이며 내 모든 규례를 지키면 내가 애굽 사람에게 내린 모든 질병의 하나도 너희에게 내리지 아니하리니 나는 너희를 치료하는 여호와임이니라" 출 15:26.

"그가 찔림은 우리의 허물 때문이요 그가 상함은 우리의 죄악 때문이라 그가 징계를 받으므로 우리는 평화를 누리고 그가 채찍에 맞으므로 우리는 나음을 받았도다" 사 53:5.

"내 이름을 경외하는 너희에게는 공의로운 해가 떠올라서 치료하는 광선을 비추리니 너희가 나가서 외양간에서 나온 송아지같이 뛰리라" 말 4:2.

11장
행복한 믿음의 가정이 되도록 기도하라

The Power of Praying for Your Adult Children

부모가 가장 바라는 것 중 하나는 자녀가 평생의 반려자를 잘 고르는 일이다. 또한 부모가 가장 보고 싶지 않은 것은 자녀의 이혼이다. 이혼한다고 해서 세상이 끝나는 것은 아니며 다시 회복하여 살아가지만, 그것은 결코 바람직한 결과가 아니다. 따라서 자녀가 이 중요한 결정에 대해 지혜를 갖도록 간절히 기도해야 한다. 올바른 사람을 만났다고 생각했다가 그 판단이 잘못된 것으로 판명되기가 얼마나 쉬운지 우리 모두 잘 알고 있을 것이다.

선자와 결혼하도록 기도하라

자녀의 배우자에 대해 기도하는 부모의 가장 중요한 관심사는 '과연 그가(또는 그녀가) 경건한 신자인가' 하는 점이다. 자녀에게 물어보아야 할 것들이 몇 가지 있는데, 그 중 하나가 바로 이것이다. 이는 잔소리나 자녀의 삶을 통제하려는 시도가 아니다. 다만 신자와의 결혼이 부모의 가장 큰 바람임을 분명히 밝힐 뿐이다. 그것이 하나님의 뜻이기 때문이다.

자녀가 하나님을 믿지 않는 사람과 결혼한다는 것은 생각만 해도 슬픈 일이다.

그러나 성년자녀가 불신자와 이미 결혼했다면 구원을 위한 기도에 응답하시는 것이 하나님의 뜻이라는 사실에서 위안을 얻으라. 당신은 하나님이 사위나 며느리를 감동시켜 구원해 주실 것을 기도할 수 있다. 당신과 다른 신자들을 당신의 사위나 며느리를 구원으로 인도하기 위한 통로로 사용하시기를 하나님께 간구하라.

성경에서 40세인 아들 에서가 불경건한 사회에 속한 여러 여자들과 결혼했을 때 이삭과 리브가는 몹시 근심했다창 26:34-35. 에서는 자신의 행동이 부모의 마음을 상하게 한 것을 알았다창 28:8.

리브가는 에서 때문에 살맛을 잃었으며, 에서의 쌍둥이 형제인 야곱마저 에서처럼 행동한다면 더 이상 살 수 없을 것이라고 남편에게 말했다. "리브가가 이삭에게 이르되 내가 헷 사람의 딸들로 말미암아 내 삶이 싫어졌거늘 야곱이 만일 이 땅의 딸들 곧 그들과 같은 헷 사람의 딸들 중에서 아내를 맞이하면 내 삶이 내게 무슨 재미가 있으리이까"창 27:46.

그래서 리브가는 야곱에게 가족을 떠나 그녀와 이삭에게 축복이 될 아내를 찾으러 갈 것을 권했다. 이삭은 야곱에게 "너는 가나안 사람의 딸들 중에서 아내를 맞이하지"^{창 28:1} 말라고 했다. 달리 말해서, 불신자를 아내로 취하지 말고 다른 지역에 거하는 그의 친족에게 가서 거기서 아내를 찾으라고 말했다. 야곱은 부모의 말에 순종했다. 그렇게 함으로써 그는 참된 사랑이자 일생의 가장 큰 축복인 아내 라헬을 찾았다. 결국 그녀는 요셉을 낳았고, 요셉은 자신의 민족을 파멸에서 구원함으로써 이스라엘 역사 상 위대한 지도자들 중 하나가 되었다.

그 두 아들은 똑같이 경건한 부모에 의해 양육되었지만, 하나는 어리석게, 또 다른 하나는 지혜롭게 행동했다. 하나는 부모에게 순종했고, 다른 하나는 순종하지 않았다. 하나는 가문의 약속을 추구했고, 다른 하나는 그렇게 하지 않았다. 하나는 보다 높은 가치에 마음을 두었고, 다른 하나는 그렇게 하지 않았다. 하나는 신자와 결혼했고, 다른 하나는 불신자와 결혼했다.

이 이야기에서 우리는 불신자와 결혼한 에서로 인해 그의 부모가 느꼈던 고통을 볼 수 있다. 신자인 부모라면 누구나 그런 고통을 경험할 것이다. 성년자녀가 잘되기를 바라기 때문이다. 성년자녀로 하여금 신자를 배우자로 맞도록 기도해야 하는 것도 바로 그 때문이다. 또한 경건하고 멋진 배우자를 만나기 위해 그들도 신실한 그리스도인이 되도록 기도하라. 주님을 떠난 결혼은 인생의 가장 큰 도박이다. 적절한 때에 적절한 배우자를 만나도록 하나님께 간구해야 한다.

기도 모임에서 우리가 쉬지 않고 기도해 온 내용 중 하나는 자녀들이 자라서 경건한 신자와 결혼하게 해달라는 것이다. 지금까지 우리 모임의 모든 자녀들이 경건한 신자와 결혼했다. 이로 인해 하나님께 감사드린다.

남편과 나는 지금도 우리 아이들을 위해 같은 기도를 드리고 있다. 우리 자녀들은 아직 결혼하지 않았지만, 우리의 기도가 그들의 실수를 차단시켜 줄 것이라고 확신한다. 그들은 자신과 맞지 않는 자들과의 결혼을 고려했던 적도 있었다. 그 상대방들이 나쁜 사람이었던 것은 아니다. 사실 그들은 경건하고 멋진 신자들이었지만, 자녀들에게 적합하지 않았을 뿐이다. 하나님이 적합한 때에 적합한 사람을 만나게 해주실 것이라는 믿음을 나는 가지고 있다.

성년자녀의 배우자를 위한 부모의 관심과 기도를 보여 주는 또 다른 사례는 아브라함의 경우이다. 그는 아들인 이삭이 불신자와 결혼하는 것을 원하지 않았다.

그래서 가장 신뢰받는 종에게 이삭의 배필을 찾아오도록 지시했다. "내가 너에게 하늘의 하나님, 땅의 하나님이신 여호와를 가리켜 맹세하게 하노니 너는 내가 거주하는 이 지방 가나안 족속의 딸 중에서 내 아들을 위하여 아내를 택하지 말고 내 고향 내 족속에게로 가서 내 아들 이삭을 위하여 아내를 택하라"창 24:3-4.

그 종은 여자가 따라오지 않으려 할 경우에는 이삭을 데리고 가야 할 것이라고 생각했다. 하지만 아브라함은 하나님이 천사를 앞서 보내어 이삭의 배필을 찾게 해주실 것이라고 말했다창 24:5-7.

아브라함이 이 문제에 대해 계속 기도해 왔고, 하나님의 계시도 들었던 것이 분명하다. 그는 여호와의 인도를 따라 종에게 지시한 것이다.

성년자녀의 배우자를 찾기 위해 주님의 인도를 간구하는 부모에 대한 이 아름다운 이야기는 우리에게도 적용될 수 있다. 우리의 문화에서는, 부모가 자녀의 배우자를 찾으러 나서지 않는다(때로는 그렇게 하고 싶은 마음이 들긴 하지만). 하지만 이 문제에 대해 우리는 하나님의 도우심과 개입을 간구할 수 있다. 그렇게 하는 것이 훨씬 낫다. 우리는 성년자녀가 적절한 때에 적절한 장소에서 적절한 배필을 만나도록 기도할 수 있다. 그리고 하나님이 우리의 기도를 듣고 응답하실 줄로 우리는 믿을 수 있다.

무엇보다도 우리는 하나님의 뜻을 간구해야 한다. 아브라함은 아들의 배필을 경건한 자들 중에서 찾았다. "주여, 우리의 자녀가 경건한 신자를 배우자로 맞게 해주소서."가 우리의 첫 번째 기도여야 한다. 만일 성년자녀가 이미 결혼했다면 그들의 배우자가 경건한 신앙인이 되도록 기도하라.

순결한 사람과 결혼하도록 기도하라

아브라함의 종은 이삭의 장래 배필이 순결한 처녀이기를 기도했다. 하나님은 우리가 결혼 전에 성적으로 순결하기를 바라신다. 오늘날에도 이런 사람들이 많다. 하지만 성적으로 타락하고, 도덕 관념이 희미하고, 동료들이 문란한 성관계를 부추기고, 정욕적인 만족을 추구하는 오늘날의 문화에서는 신실한 자들마저 성적인 실수를 범하는 경우가 많다. 최선의 선택은 성적 순결이겠지만, 실수를 범한 사람을 정결하게 하시는 하나님의 능력도 무시하지 말라. 정결하게 하며 구속하시는 것도 하나님의 뜻이다. 하나님이 정결하게 된 사람들을 당신의 자녀에게 보내실 수도 있다. 그런 사람은 회개하고 그 마음이 정결해졌다. 그들은 정결한 사람으로서 새 삶을 살아간다.

경건한 성품을 지닌 사람과 결혼하도록 기도하라

아브라함의 종이 기도했던 또 다른 중요한 사항은 이삭 배필의 성품이었다. 그는 어려움에 처한 낯선 사람을 도와주는 여성을 찾기를 원했다. 리브가는 주저하지 않고 그에게 물을 주었고, 단 1초도 망설이지 않고 그의 낙타들에게 자발적으로 물을 주었다. 그녀는 마지못해 천천히 움직이지 않았다. 누군가를 친절하게 돕는 것이 그녀의 성품이었다. 그녀는 그가 부탁한 것을 주었을 뿐만 아니라, 그가 기도했던 것도 주었다. 그녀의 베풂은 공손함 그 이상이었다. 자비롭고 친절하며 베푸는 성품을 지녔던 리브가는 그에게 숙소까지 제공했다창 24:21-25.

나는 어렸을 때 농장에서 지내곤 했다. 우리는 주로 옥수수와 밀을 재배했고, 가축도 길렀다. 전기나 수도는 없었고, 가스 랜턴과 옥외변소를 사용했다. 마실 물을 얻으려면, 깨끗한 들통을 우물로 가져가서 거기다 줄을 매달아 내려 물을 담은 후 손으로 들통을 끌어올려야 했다. 일주일에 한 번 이상 할 수 없었던 목욕은 우물에서 길은 물을 난로 위에 얹어 데워야 했다. 물론 그 전에 땔감으로 쓸 장작을 작게 쪼갰다. 그것은 엄청 힘든 일이었다.

우물에서 물을 긷는 것은 힘든 일이기 때문에, 당신은 목마른 낯선 사람에게 그 물을 한 컵 건네고 그의 낙타들에게 마실 물까지 제공하려면 그 전에 곰곰히 생각할지도 모른다. 그러나 만일 당신이 리브가처럼 동정적이고 인자하며 너그럽고 매우 사려 깊은 사람이라면 주저하지 않고 그렇게 할 것이다.

친절하고 베풀기 좋아하는 사람과 결혼하도록 기도하라

성경은 리브가가 아리따웠다고 전한다. 그 아름다움의 많은 부분이 내면적이었을 것으로 나는 확신한다. 물론, 당신의 자녀를 위해 아름답거나 잘생긴 배필을 하나님께 간구하는 것은 전혀 잘못된 게 아니다. 그들이 세상 기준에 비추어 완벽할 필요는 없으며, 단지 당신의 자녀에게 늘 매력적이면 된다. 하나님은 사람의 내적인 성품과 마음을 아름답게 만드실 수 있다. 내가 아는 어떤 사람들은 원래 그다지 매력적이지 않았다. 그러나 그들이 주님에게 나아가고 하나님의 영이 그들 안에 거하셨을 때, 그들은 매우 아름답고 매력적인 사람으로 변했다.

멋진 인척들을 얻도록 기도하라

당신의 성년자녀가 인척들과 좋은 관계를 갖도록 기도할 것을 잊지 말라. 인척 관계처럼 무너지기 쉬운 관계도 없을 것이다. 좋지 않은 인척 관계는 매우 불편하고 암담한 상황을 유발한다. 만일 당신의 성년자녀가 결혼하여 인척들이 생기면, 그 관계들이 건실하게 지속되도록 기도하라.

며느리나 사위와도 좋은 관계를 유지하도록 기도하라. 가능한 한 최고의 시부모나 장인 장모가 되도록 지혜와 분별력과 너그러운 마음과 무조건적인 사랑을 하나님께 간구하라. 그리고 연락과 도움과 지원에 있어 너무 과하거나 너무 부족하지 않은 정도를 알려 주실 것을 하나님께 간구하라. 무엇보다도 하나님의 사랑이 당신을 채우도록 기도하라.

자녀가 이미 결혼했다면

만일 성년자녀가 이미 결혼했다면, 당신의 며느리나 사위가 모든 면에서 축복받기를 기도하라. 그러나 성년자녀가 어떤 이유에서든 당신을 염려스럽게 하는 사람과 결혼했다면, 사위나 며느리에게 성령이 임하여 사랑, 희락, 화평, 오래 참음, 자비, 양선, 충성, 온유, 절제와 같은 성령의 열매를 맺게 해주시도록 하나님께 기도하라갈 5:22-23. 은혜롭고 관대하며 아름답고 경건한 성품을 그들에게 주실 것을 간구하라. 당신의 기도는 그들로 하여금 하나님의 정결하게 하시는 능력을 발견하도록 도울 수 있다.

만일 성년자녀가 거리감을 느끼게 하거나 껄끄러워 보이는 사람, 당신의 자녀를 불행하게 하거나 두렵게 만드는 사람과 결혼했다면, 무릎을 받칠 방석을 꺼내라. 간절한 기도 시간을 가져야 하기 때문이다. 본서에서 배운 모든 내용을 바탕으로 사위나 며느리를 위해 기도하라.

사위나 며느리를 전심으로 사랑하게 되기를 기도하라. 당신에게 그런 사랑이 없다고 느껴지면, 그들을 향한 하나님의 사랑을 갖게 해주실 것을 간구하라. 하나님이 그 사랑을 당신의 마음속에 풍성히 부어 주실 것이다. 그들이 하나님과 굳건한 관계를 맺도록 기도하라. 그들이 주님을 영접했든 영접하지 않았든, 그들 속에 그리스도의 성품이 형성되기를 기도하라. 당신이 가능한 한 최고의 장모나 장인이 될 수 있기를 기도하라. 당신과 그들과의 관계가 원만하고 풍성하기를 기도하라. 그것은 당신의 인간관계 중 가장 좋은 것이 될 수도 있고, 최악이 될 수도 있다. 최고의 관계가 되도록 노력하라. 그리고 하나님이 사랑의 능력으로 위대한 일들을 행하실 수 있음을 잊지 말라.

좋은 부모가 되도록 간구하는 5가지 기도 방법

❶ 자녀를 하나님의 선물로 이해하도록 기도하라

"보라 자식들은 여호와의 기업이요 태의 열매는 그의 상급이로다" 시 127:3.

❷ 자녀를 여호와의 방식으로 훈육하도록 기도하라

"마땅히 행할 길을 아이에게 가르치라 그리하면 늙어도 그것을 떠나지 아니하리라" 잠 22:6.

❸ 분노로써가 아니라 사랑으로 자녀를 가르치도록 기도하라

"또 아비들아 너희 자녀를 노엽게 하지 말고 오직 주의 교훈과 훈계로

양육하라"엡 6:4.

❹ 지혜롭게 자녀를 징계하도록 기도하라

"매를 아끼는 자는 그의 자식을 미워함이라 자식을 사랑하는 자는 근실히 징계하느니라"잠 13:24.

❺ 자녀를 하나님의 방식으로 양육하여 기도 응답을 받도록 기도하라

"무엇이든지 구하는 바를 그에게서 받나니 이는 우리가 그의 계명을 지키고 그 앞에서 기뻐하시는 것을 행함이라"요일 3:22.

당신의 손자녀를 위한 10가지 기도 방법

❶ 마음과 몸과 영혼이 건강하고 건전하기를 기도하라.

❷ 사고나 상해나 질병으로부터 벗어나기를 기도하라.

❸ 늘 평안과 안전과 사랑 가운데서 살아가기를 기도하라.

❹ 악한 의도를 지닌 사람으로부터 보호되기를 기도하라.

❺ 일찍부터 진실하고 깊이 있게 여호와를 알며, 그분의 방식대로 행하는 법을 배우기를 기도하라.

❻ 적절한 징계와 교정을 받음으로 나쁜 행동의 결과를 이해하게 되기를 기도하라.

❼ 겸손하고 회개하며 순종하는 마음을 지님으로 문제를 일으키거나 거역하지 않는 삶을 살도록 기도하라.

❽ 당신이 최고의 조부모가 되어 그들의 부모의 소원을 신실하게 지원할 수 있는 지혜를 갖도록 기도하라.

❾ 손자녀의 부모에게 건강, 스태미나, 경건한 지혜, 그리고 놀라운 인내심을 주실 것을 하나님께 기도하라.

❿ 각각의 손자녀를 위해 어떻게 구체적으로 개입할지 알려 주실 것을 기도하라.

손자녀를 위한 기도를 시작하기 위해 현재 그들이 꼭 있어야 하는 것은 아니다. 당신은 위의 내용을 미리 기도할 수 있다. 만일 손자녀가 이미 있다면 당신은 복된 사람이며 삶의 큰 목적을 지닌 셈이다. 기도하는 조부모 덕분에 구원과 보호와 치유를 받고 성공을 이룬 사람들이 너무나 많다.

성년자녀를 위해 축복을 비는 경건한 부모들의 기도가 성경에 나온다. 이는 우리가 성년자녀와 손자녀를 위해 기도할 수 있는 내용이기도 하다. 그 일부 내용을 요약하면 다음과 같다.

"하나님, 저의 **자녀**를 축복하여 형통하게 하시기를 기도합니다. 그들을 자녀의 양육, 사업의 성공, 경제적 여유, 그리고 가정의 안전 등 **모든** 면에서 풍성하게 하시기를 기도합니다. 배회하는 자가 되지 않고 그들이 거주하는 땅에 뿌리 내리기를 기도합니다. 그들이 자신과 배우자와 자녀와 손자녀를 위해 언제나 선하고 굳건하며 안전한 삶을 누리게 하소서. 예수님의 이름으로 기도합니다. 아멘."

주여, 저의 자녀에게 완벽한 배필을 주소서. 경건한 신자를 만나 평생 행복한 결혼생활을 하게 하소서. 정결한 마음과 자애롭고 친절하며 베풀기 좋아하는 성품을 지닌 배필을 만나게 하소서. 그들이 언제나 서로에게 매력을 느끼게 하소서.

이미 결혼한 저의 자녀를 위해 기도하오니, 그들 부부간의 사랑, 희락, 화평, 오래 참음, 자비, 양선, 충성, 온유, 그리고 절제가 더해지게 하소서갈 5:22-23. 저는 그들의 마음이 나뉘지 않고 함께 성장하기를 기도합니다. 그들에게 필요한 변화가 일어나게 하소서. 서로를 위해 간절히 기도하는 법을 배우도록 그들을 도와주소서.

그들로 하여금 서로 사랑하고 존중하며 서로에게 순종하게 하소서벧전 5:5. 서로 감사하고 존경하게 하시고, 무엇보다도 저는 그들이 뜨겁게 서로 사랑하기를 기도합니다. 사랑은 허다한 죄를 덮기 때문입니다벧전 4:8. 주여, 그들의 결혼생활에 함께하셔서 주의 뜻에 합당한 것이 되게 하소서. 서로에게 친절하고 부드럽고, 언제나 서로를 최우선순위에 두게 하소서. 결코 이혼에 이르는 일이 없도록 도와주소서.

주여, 저의 자녀가 최고의 배필이 되도록 행복한 결혼생활에 필요한 것들을 가르쳐 주소서. 분별력과 인내와 의사소통을 잘할 수 있는 능력을 주시고, 교만하지 않고 주님을 의지하여 형통하게 하소서잠 28:25.

저의 자녀에게 건강하고 경건한 자녀를 허락하소서. 순종적이고 밝고 행복하고 생산적인 자녀를 잘 양육할 수 있도록 도우소서. 부모로서의 풍성한 사랑과 인내와 분별력과 지혜를 그들에게 베푸소서. 그들 자녀의 성장 단계마다 잘 인도할 수 있게 하소서. 그들이 세상의 인도를 따르지 않고 주님을 바라보게 하소서. 그리하여 주님의 방식으로 훈육하게 하소서. 그들의 자녀가 주님의 선물임을 늘 인식하도록 도우시고, 자녀와 지속적이며 좋은 관계를 유지하게 하소서.

주여, 저는 자녀와 손자녀에게 그들의 삶을 복되게 할 지혜와 경건과 생산성과 건전성이라는 위대한 유업을 남겨 주기를 원합니다 잠 13:22. 주님을 기쁘시게 하는 경건한 삶을 통해 저 자신뿐만 아니라 저의 자녀도 주님의 자비를 알 수 있도록 도와주소서 시 103:17-18.

예수님의 이름으로 기도합니다. 아멘.

능 · 력 · 의 · 말 · 씀

"하나님이 짝지어 주신 것을 사람이 나누지 못할지니라" 마 19:6.

"여호와께서 집을 세우지 아니하시면 세우는 자의 수고가 헛되며" 시 127:1.

"온전하게 행하는 자가 의인이라 그의 후손에게 복이 있느니라" 잠 20:7.

"여호와의 인자하심은 자기를 경외하는 자에게 영원부터 영원까지 이르며 그의 의는 자손의 자손에게 이르리니 곧 그의 언약을 지키고 그의 법도를 기억하여 행하는 자에게로다" 시 103:17-18.

"그들의 수고가 헛되지 않겠고 그들이 생산한 것이 재난을 당하지 아니하리니 그들은 여호와의 복된 자의 자손이요 그들의 후손도 그들과 같을 것임이라" 사 65:23.

12장
건강한 인간관계를 유지하도록 기도하라

The Power of Praying for Your Adult Children

건강한 인간관계는 누구에게나 매우 중요하다. 우리 모두는 우리를 강하게 하고, 삶을 윤택하게 해줄 좋은 사람들을 필요로 한다. 자녀에게도 좋은 관계는 매우 중요하다. 나쁜 친구들이 얼마나 안 좋은 영향을 끼칠 수 있는지 잘 알고 있을 것이다. 많은 시간을 함께 보내는 직장 동료에 대해서도 많은 기도가 필요하다. 불건전하고 지혜롭지 못한 관계는 하나님의 뜻에 합당한 길을 떠나게 할 수 있다.

자녀의 성공을 위해 필수적인 관계들이 있다. 배우자나 인척과의 관계들 외에 친구, 동료, 형제자매, 그리고 부모와의 관계도 중요하다. 이들 모두 행복에 영향을 주며 기도를 필요로 한다. 이 관계들을 건강하게 하는 일은 매우 중요하다.

경건한 친구들과의 좋은 관계를 위해 기도하라

자녀에게는 경건한 친구들이 필요하다. 누구든 너무 고립되는 것은 정신적으로나, 영적으로나 좋지 않다. 고립된 사람은 비정상적인 생각에 빠지기 마련이다. 신자인 우리는 경건하고 하나님과 성령님과 예수님을 사랑하는 주위 사람들을 필요로 한다. 이런 사람들은 적절한 시각을 갖도록 우리를 도와주며 세워 준다.

우리가 아무리 자신만만해도 자신과 함께하는 사람의 영향을 어느 정도는 받기 마련이다. 경건한 사람들과 가까이 지내는 것이 중요한 것도 바로 그 때문이다. 성경은 "믿지 않는 자와 멍에를 함께 메지 말라"고 후 6:14고 말한다. 우리는 성년자녀가 경건한 친구들을 사귀도록 기도해야 한다. 이는 그들이 불신자들을 아예 멀리해야 한다는 뜻이 아니라, 그들의 삶에 가장 큰 영향을 미치는 이들이 주님을 아는 사람들이어야 한다는 뜻이다.

성경은 올바른 친구를 택하는 일의 중요성을 많이 언급한다. 따라서 우리는 그것을 무시할 수 없다. 나는 나쁜 친구들과 어울리다가 심각한 문제에 직면하는 이들을 많이 보았다. "의인은 그 이웃의 인도자가 되나 악인의 소행은 자신을 미혹하느니라"잠 12:26. 우리가 아무리 자신하더라도 나쁜 친구들이 곁길로 빠지게 할 수 있다.

우리 아이들도 나쁜 친구의 영향을 받았던 적이 있다. 그로 인해 그들은 하나님의 길에서 벗어났다. 우리 아이들은 천성적으로 친절하고 다정하며 사람들과 잘 어울렸다. 또한 그들은 세상적인 친구를 통제할 수 있다고 생각했다. 하지만 그들은 너무 어렸고 경험이 부족해서 그 친구들로 인해 부딪히게 될 문제들을 예측하지 못했다. 우리 부부와 기도 모임의 기도를 통해 마침내 그들의 눈이 열렸다. 그들은 그 잘못된 관계를 직시하고 과감히 단절했다.

요즘 우리 아이들은 문제를 일으킬 만한 친구를 사귀지 않지만, 나는 여전히 친구 관계를 위해 기도한다. 나쁜 영향은 마귀의 계략의 일부이다. 따라서 나는 만나는 사람을 잘 분별할 수 있는 지혜를 그들에게 주실 것을 늘 기도한다. 동료 선택은 가장 중요한 결정 중 하나이다.

성년자녀가 친구를 잘 택하여 탈선하지 않도록 기도하라. 악한 영향이 너무나 많은 오늘날의 문화에서는, 경건한 지혜와 분별력 없이는 상대방의 참된 성품을 파악하기 힘들다. 좋은 영향력을 지닌 사람을 잘 분별하도록 자녀를 위해 기도하라. 그 기도가 그들의 올바른 선택을 도와줄 것이며, 친구 선택이 그들의 삶에 지대한 영향을 미칠 것이다.

직장 동료와의 좋은 관계를 위해 기도하라

내가 아는 한 젊은이는 함께 일하는 동료들과 친하게 지내려고 애썼다. 그 동료들은 세상적이며 술을 많이 마셨다. 그는 보조를 맞추려고 노력했지만, 그들은 그런 생활에 익숙했고 그는 그렇지 않았다. 결국 그는 알코올 중독자가 되다시피 했다. 동료들과 잘 어울리려 하다가 거의 모든 것을 잃어버렸다. 좋은 평판을 잃었고, 자신에게 가장 중요한 사람들의 신뢰마저 잃었다. 직업상으로도 좌절을 겪었다.

그에게는 기도하는 부모가 있었다. 그들은 아들에게 잘못된 것이 있음을 알아차리고 먼저 몇몇 가까운 신앙 친구들에게 기도 지원을 부탁했다. 그러고나서 담임 목사와 함께 아들을 만나러 갔다. 몹시 고통스러운 일이었지만 애정 어린 만남과 지속적인 기도를 통해 그 젊은이의 삶은 변화되었다.

내가 이 예를 드는 것은 그 젊은이에게 그런 일이 일어나리라고 생각한 사람은 아무도 없었기 때문이다. 그는 신실한 가정에서 자란 경건한 신자였다. 이 모든 일은 지속적으로 만나야 했던 직장 동료 때문에 일어났다. 그들은 그가 택한 친구가 아니라, 함께 어울리며 인정받고 싶었던 직장 동료들이었다.

자녀가 하나님 보시기에 옳은 일을 타협하지 않고 직장 동료와 잘 지낼 수 있도록 기도하라. 물론 그들이 동료들과 잘 어울리지 못하면 직장생활을 계속 잘하기 힘들 것이다. 그러나 함께 어울린다는 것이 하나님의 방식을 포기함을 뜻하지는 않는다. 경건한 생활방식 때문에 동료들의 존중을 받도록 그들을 위해 기도하라.

형제자매와의 좋은 관계를 위해 기도하라

형제자매와 좋은 관계를 유지하는 것은 누구에게나 중요하다. 나는 우리 자녀가 서로 사이좋게 지내기를 늘 기도해 왔으며, 지금까지 그들의 관계가 좋은 것에 감사한다. 남편과 내가 세상을 떠난 후에도 아이들이 계속 친밀하게 지낼 것으로 확신한다. 나는 자란 후에 좀처럼 서로 만나지 않으려 하는 형제자매들을 많이 보았다. 부모가 세상을 떠나고 나면 서로 연락조차 하지 않는다. 가족의 유대가 행복을 위해 얼마나 중요한지를 깨닫지 못하는 사람들이 많다.

자녀를 편애하지 않는 것이 중요하다. 편애는 증오심을 조장하고 가족의 단합을 깨트린다. 많은 사람들은 자신의 편애 사실을 인식하지 않고 있다. 그러나 성년자녀는 분명히 인식한다. 때로는 자녀 중 하나와 함께 지내는 것이 다른 자녀와 함께 지내는 것보다 더 편하다. 만일 당신이 편애한다면 모든 자녀를 똑같이 사랑하게 해주실 것을 하나님께 간구하라.

편애의 대표적인 실례가 바로 '야곱' 이스라엘이다. "요셉은 노년에 얻은 아들이므로 이스라엘이 여러 아들들보다 그를 더 사랑하므로 그를 위하여 채색옷을 지었더니 그의 형들이 아버지가 형들보다 그를 더 사랑함을 보고 그를 미워하여 그에게 편안하게 말할 수 없었더라" 창 37:3-4.

야곱이 요셉을 편애한 것에서 형들의 원한이 유발되었다. 더욱이 요셉은 형들의 절을 받는 꿈을 꾼 것을 형들에게 말했다. 그래서 형들은 시기하여 요셉을 죽일 계획을 꾸몄다창 37:11, 18. 형들은 요셉을 팔아넘겼다창 37:28. 얼마나 끔찍한 상황인가.

만일 자녀 중에 요셉처럼 엄마나 아빠가 다른 자녀가 있다면, 그들 사이에 시기심이 일어나지 않도록 기도하라. 원한을 유발하는 편애를 보이지 않도록 도와주실 것을 하나님께 간구하라. 편애는 관계의 죽음, 사랑과 우애의 죽음, 가족의 죽음 등 어떤 종류의 죽음을 초래하기 마련이다. 왜냐하면 편애하는 부모가 죽으면 자식들이 등을 돌릴 것이기 때문이다. 나는 이런 가족들을 자주 보아 왔다. 그것은 정말 슬픈 일이다. 당신의 가족에게 이런 일이 일어나지 않도록 기도하라. 당신이 세상을 떠난 후에도 모든 자녀가 좋은 관계를 유지하도록 기도하라.

자녀가 어떤 이유에서든 서로 시기하지 않도록 기도하라. 설령 당신의 소유가 보잘것없더라도 모든 것을 똑같이 분배하도록 유언장을 작성하라. 보잘것없는 재산이라도 유언장에 분명히 명시되어 있지 않거나 유언장에 편애의 뜻이 보일 경우에 형제자매 사이에 심한 다툼이 일어나는 경우를 나는 보아 왔다.

형제자매 사이의 갈등과 경쟁심은 파괴적이며, 원한과 분노와 증오와 거부감과 불신에 얽매이게 할 수 있다. 그 결과 가족 관계가 무너진다.

만일 당신의 가정에 그런 일이 이미 일어났다면, 그런 분열의 영을 깨뜨려 주실 것을 기도하라. 그 상처를 치유하고 형제자매 관계를 회복시켜 주실 것을 하나님께 간구하라. "그러므로 예물을 제단에 드리려다가 거기서 네 형제에게 원망 들을 만한 일이 있는 것이 생각나거든 예물을 제단 앞에 두고 먼저 가서 형제와 화목하고 그 후에 와서 예물을 드리라"마 5:23-24.

만일 당신의 가정에 그런 일이 전혀 없었다면 앞으로도 결코 일어나지 않도록 하나님께 도움을 간구하라. 자녀들의 관계를 파괴하는 모든 것은 그들을 멸망시키려는 마귀의 계획에 따른 것이다.

부모와의 좋은 관계를 유지하도록 기도하라

자녀가 얻을 수 있는 가장 큰 축복 중 하나는 부모와 경건한 친분을 유지하는 것이다. 당신은 언제나 그들의 엄마나 아빠이겠지만, 그들이 독립했을 때 그들을 사랑하되 억압하지 않는 균형 감각을 찾도록 하나님께 간구해야 한다. 균형감각이란, 격려하되 비위만 맞추지 않고, 관심을 갖되 비판적이지 않으며, 보살피되 통제하지 않고, 세워 주되 위압하지 않으며, 지원하되 무기력하게 하지는 않는 것을 말한다. 그렇게 하도록 도울 수 있는 분은 하나님뿐이시다.

만일 성년자녀와의 관계가 손상되었거나 그들과 시부모나 처부모와의 관계가 손상되었다면 하나님이 그것을 회복시키실 수 있음을 믿으라. 하나님이 붙들어 주지 않으시면 모든 관계들은 무너지기 쉽다. 마귀는 우리의 인간관계들을 파괴하기를 원한다. 인간관계가 무너질 때 우리가 연약해지고 하나님을 기쁘시게 할 수 없음을 그가 잘 알고 있기 때문이다.

성년자녀를 위해 기도할 때마다 그들을 눈멀게 하고 속이고 낙담시키며 멸망시키기를 원하는 대적이 늘 노리고 있음을 기억하라. 성경은 사탄의 존재와 우리의 삶에 대한 그의 의도를 분명히 밝힌다. 또한 성경은 예수님이 십자가에서 사망과 지옥을 정복하셨음을 밝힌다. 이는 그분이 우리의 삶을 통제하는 마귀의 능력을 멸하셨음을 뜻한다. 성년자녀의 삶에서 변하지 않거나 절망적인 듯한 것을 놓고 기도하고 있다면, 당신은 그들과 싸우는 것이 아님을 기억하라. 당신은 이 세상 신과 싸우고 있다고후 4:3-4.

하나님은 죽었던 관계를 되살리실 수 있으며, 부서진 관계를 고치실 수 있고, 끊어진 관계를 다시 연결시키실 수 있다. 당신의 기도는 상황을 전환시키거나 그런 일이 일어나도록 도울 수 있다. 그리고 용서와 회복과 치유를 조장할 수 있다.

메시아를 배출했던 다윗 가문에서도 부서지고 더럽혀진 관계들이 있었다. 그러나 하나님은 그 가문에서 예수님이 탄생하게 하셨다. 모든 것이 합력하여 선을 이루게 하신 것이다. 하나님은 당신과 자녀와의 관계에서 그리고 그들과 다른 가족과의 관계에서도 그렇게 하실 것이다. 화해를 위한 당신의 기도에 응답하실 것이다. 하나님의 은혜, 하나님 말씀의 약속들, 또는 당신과 성년자녀를 향해 뻗으신 주님의 손길이 미치지 않는 곳은 없다. 하나님은 우리의 완고함, 교만, 상처, 앙심, 분노, 고통을 제거하실 수 있다. 그는 당신의 성년자녀와 양가 부모와의 소원했던 관계를 다시 회복시키실 수 있다.

자녀에게 하나님의 사랑을 담은 말을 전해 주라. "너희 말을 항상 은혜 가운데서 소금으로 맛을 냄과 같이 하라 그리하면 각 사람에게 마땅히 대답할 것을 알리라"골 4:6. 그들에게 말할 때 비판적이거나 상처를 주지 않도록 지혜를 간구하라. "칼로 찌름같이 함부로 말하는 자가 있거니와 지혜로운 자의 혀는 양약과 같으니라"잠 12:18. 하나님의 무조건적인 사랑의 빛을 그들에게 비추는 법을 알려 주실 것을 간구하라마 5:14-16.

만일 당신이 멀리서 기도하고 있다면 격려하는 차원에서 그 사실을 알려 주라. "나는 너와 너의 아내가 경제적인 문제에 대한 어리석은 결정을 멈추도록 기도하고 있다."라고 말하지 말라. 대신에 "하나님이 너희 둘에게 모든 면에서 풍성하게 부어 주시기를 나는 기도하고 있다."라고 말하라. "나는 네가 정신 차리고 그 껄렁껄렁한 친구들을 멀리하기를 기도하고 있다."라고 말하지 말라. 대신에 "나는 네가 늘 올바른 결정을 내릴 수 있도록 하나님으로부터 지혜와 계시를 얻기를 기도하고 있다."라고 말하라.

성년자녀는 당신의 축복하는 말을 듣고 힘을 얻는다. 그러므로 그들과 함께 있을 때마다 축복하는 말을 해주라. 예를 들어, 이렇게 말하라. "나는 하나님이 아무도 닫을 수 없는 길을 네게 열어 주시기를 기도하고 있어.", "나는 하나님이 자신의 영광을 위해 너에게 주신 은사와 재능을 활용하시기를 기도하고 있어."

자녀가 나이 들었다고 해서 당신의 사랑과 정서적 지원을 더 이상 필요로 하지 않는 것은 아니다. 그들은 스스로 살아갈 수 있음을 당신에게 알려 주고 싶어서 그렇게 행동할 수도 있다. 하지만 실제로 그들은 자신이 말하는 것보다 훨씬 더 많은 도움을 필요로 한다. 그들은 더 크고 힘든 난관에 직면해 있다. 그들의 모든 관계들이, 특히 그들의 부모나 시부모 또는 처부모와의 관계가 건강해지기를 기도하라.

당신의 성년자녀가 어떤 관계로 인해서든 원한과 앙심을 품지 않기를, 그들의 마음에 용서가 넘치기를 기도하라.

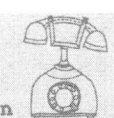

주여, 저의 자녀가 경건한 친구들을 얻게 해주소서. 친구들로부터 좋은 영향을 받게 하소서. 선한 사람들에게 이끌리게 하소서. 좋지 않은 사람을 멀리하는 힘과 지혜를 베푸소서. 나쁜 영향을 미치고, 주님과 주님의 길로부터 멀어지게 하는 사람들을 그들에게서 끊어지게 하소서고전 5:11.

사랑으로 진실을 말해 주며, 유익한 조언을 해주는 친구들을 얻기를 기도합니다잠 27:6, 9. 지혜롭고 언제나 든든한 친구들을 얻기를 기도합니다잠 13:20, 전 4:9-10. 그들의 모든 인간관계가 주께 영광 돌리게 하소서.

또한 부모, 형제자매, 그리고 다른 가족들과의 관계가 깊은 사랑과 큰 긍휼과 이해와 유익으로 가득한 것이 되게 하소서. 관계에 문제가 생길 때 주님의 도우심으로 평안과 치유와 화해에 이르게 하소서. 마귀가 그들의 가족 관계나 우정을 깨트리지 못하도록 지켜 주소서.

특히 (   )와의 관계를 위해 기도합니다. 그들의 마음을 치유해 주시고 주의 성령의 능력으로 화해시켜 주소서. 오해가 있었다면 풀어지게 하소서. 허물이 있다면 회개하며 사과하게 하소서.

자녀가 직장 동료들과 좋은 관계를 유지하기를 기도합니다. 불경건한 직장 동료가 있다면 그에게 경건한 영향을 미치게 하소서. 굳건히 서고 위협에 약해지지 않도록 도와주소서. 그들이 지혜로운 자와 동행하여 더 지혜로워지고, 미련한 자와 사귀어 파멸에 이르는 일이 없게 하소서잠 13:20.

그들이 용서를 배우게 하소서. 쉽게 용서하며 원한과 증오심을 품지 않게 하소서. 속히 용서함으로 주님과의 관계에 문제가 생기지 않도록 도우소서막 11:25.

예수님의 이름으로 기도합니다. 아멘.

능 · 력 · 의 · 말 · 씀

"지혜로운 자와 동행하면 지혜를 얻고 미련한 자와 사귀면 해를 받느니라" 잠 13:20.

"나는 주를 경외하는 모든 자들과 주의 법도들을 지키는 자들의 친구라" 시 119:63.

"너희는 믿지 않는 자와 멍에를 함께 메지 말라 의와 불법이 어찌 함께하며 빛과 어둠이 어찌 사귀며 그리스도와 벨리알이 어찌 조화되며 믿는 자와 믿지 않는 자가 어찌 상관하며" 고후 6:14-15.

"사악한 자의 길에 들어가지 말며 악인의 길로 다니지 말지어다" 잠 4:14.

"그가 빛 가운데 계신 것같이 우리도 빛 가운데 행하면 우리가 서로 사귐이 있고 그 아들 예수의 피가 우리를 모든 죄에서 깨끗하게 하실 것이요" 요일 1:7.

13장
힘든 시기를 잘 견뎌내도록 기도하라

The Power of Praying for Your Adult Children

자녀가 태어나기도 전에 기도하는 내용 중 하나는 그들을 지켜 달라는 것이다. 또한 그 이후로도 거의 매일 그런 기도를 계속한다. 모든 부모의 중요한 관심은 자녀가 심각한 질병이나 부상을 당하지 않는 것이다. 또한 그들을 해치려는 악인으로부터 보호되기를 원한다. 특히 우리는 그들이 몇 살이든지 이른 죽음을 당하지 않고, 길고 건강한 삶을 누리기를 기도한다.

내 여동생 수지와 나는 거의 20년 동안 매주 여성기도회에 참석해 왔다. 매주 우리는 특별히 각자의 딸을 위해 기도한다. 수지의 딸 스테파니는 내 딸 아만다와 동갑내기다. 생일로 따지면 불과 2주 차이밖에 나지 않는다. 그들이 함께 커 가는 모습을 보는 것은 가장 큰 행복 중 하나였다. 우리는 하나님이 그들을 지켜 주시기를 늘 기도해 왔다.

스테파니는 20대 초에 결혼했다. 결혼한 지 1년도 채 되지 않았을 때, 웨스트포인트를 졸업하고 장교로 근무 중이던 남편 제레미가 이라크에 1년 동안 배치되었다(그는 경건하고 훌륭한 남편을 달라는 기도에 대한 응답이었다). 제레미의 부대원들이 이라크로 떠났을 때, 부대원들의 거주지는 유령 마을처럼 텅 비었다. 남자들은 거의 보이지 않고, 여자들과 아이들은 대부분 고향으로 돌아갔다. 스테파니는 그곳에서 혼자 사는 게 매우 불안해서 우리에게 기도를 특별히 부탁했다.

기도회를 가질 때마다 대개 우리는 말씀을 읽고 예배를 드린다. 그런 후에 우리와 가족의 이름을 하나씩 부르면서 기도한다. 스테파니의 부탁을 들었던 그 주간에는 위험한 전장에서 싸우는 제레미와 집에 홀로 남은 스테파니를 위해 특별히 기도했다.

스테파니는 내가 아는 사람 중 가장 양심적이고 부지런하며 책임감 있는 사람이다. 어느 날 오후, 그녀는 식료품을 사러 갔다. 집으로 돌아왔을 때 전화벨 울리는 소리가 들리고 개들이 짖고 있었다. 사실 그녀는 이라크에 있는 남편에게서 오는 전화를 못 받을까 봐 늘 노심초사했기에 전화벨이 울리면 곧장 방으로 달려가 전화를 받았다. 통화를 끝낸 후 식료품을 치워 놓고 저녁을 지었다. 그리고 식사를 마치고 설거지를 한 후에 잠잘 준비를 했다. 그녀는 모든 문들이 잠겼는지 그리고 현관 앞을 제외하고 모든 불이 꺼졌는지 확인하고는 잠자리에 들었다. 하지만 그녀는 바로 잠들 수 없었다.

그녀는 자신의 안전에 대해 점점 더 불안해졌다. 그날 밤 그 마을에서 홀로 지내는 다른 여자들과 그녀 자신을 지켜 주실 것을 하나님께 기도드리고 싶은 마음이 간절해졌다. 또한 그녀는 남편의 안전을 위해서도 간절히 기도했다. 처음에는 뜨겁게 기도하고 싶은 마음이 남편 때문에 생겼을 것이라고 생각했다. 하지만 기도하면 할수록 자신의 안전을 위해 기도할 필요가 있음을 더욱 느꼈다.

다음날 아침, 그녀는 여느 때처럼 앞 계단에 놓인 신문을 가지러 현관 문 쪽으로 갔다. 문을 여는 순간에 그녀는 깜짝 놀랐다. 현관 문 열쇠와 차 열쇠가 함께 달린 열쇠 꾸러미가 문에 꽂혀 있었기 때문이다. 현관문은 길에서 불과 몇 미터 떨어져 있었고 현관 쪽의 불은 밤새 문을 비추고 있었다. 누구든 마음만 먹으면 문을 열고 들어올 수 있었다. 스테파니는 하나님이 그날 밤에 그녀 자신의 안전을 위해 기도하게 하셨음을 그리고 그녀를 지켜 준 분이 바로 하나님이심을 알았다. 그녀는 곧바로 기도 모임 회원들에게 전화해서 그 얘기를 들려주었다. 우리는 그녀의 안전을 위해 여러 차례 간구했던 기도에 하나님이 응답하셨음을 알 수 있었다.

성년자녀의 안전을 위해 기도하는 방법

❶ 옳은 일을 할 수 있는 지혜와 판단력을 지니도록 기도하라

그 지혜가 그들을 해악으로부터 지켜 줄 것이다. "대저 여호와는 지혜를 주시며 지식과 명철을 그 입에서 내심이며 그는 정직한 자를 위하여 완전한 지혜를 예비하시며 행실이 온전한 자에게 방패가 되시나니 대저 그는 정의의 길을 보호하시며 그의 성도들의 길을 보전하려 하심이니라" 잠 2:6-8.

❷ 사람을 두려워하지 않고 하나님을 두려워하도록 기도하라

사람을 두려워하면 어리석고 불경건하며 후회스러운 일들을 하게 된다. "사람을 두려워하면 올무에 걸리게 되거니와 여호와를 의지하는 자는 안전하리라"잠 29:25.

❸ 하나님과 그분의 말씀을 신뢰하도록 기도하라

하나님의 방식을 신뢰하는 자는 올바른 길로 행할 것이다. "하나님의 말씀은 다 순전하며 하나님은 그를 의지하는 자의 방패시니라"잠 30:5.

❹ 하나님의 임재 안에서 안전하게 살도록 기도하라

그들 마음의 은밀한 곳에 하나님을 초청할 때, 그들은 위험에서 벗어나 하나님의 보호를 받을 것이다. "지존자의 은밀한 곳에 거주하며 전능자의 그늘 아래에 사는 자여"시 91:1.

❺ 하나님을 피난처로 삼도록 기도하라

그러면 그들은 대적의 모든 공격과 위험에서 구원하시는 하나님을 신뢰할 수 있다. "나는 여호와를 향하여 말하기를 그는 나의 피난처요 나의 요새요 내가 의뢰하는 하나님이라 하리니 이는 그가 너를 새 사냥꾼의 올무에서와 심한 전염병에서 건지실 것임이로다"시 91:2-3.

❻ 주님의 품에 숨겨지고 그분의 말씀을 방패로 삼도록 기도하라

그들은 하나님 말씀이 대적의 습격을 막아 주는 든든한 방패 역할을 함을 인식해야 한다. "그가 너를 그의 깃으로 덮으시리니 네가 그의 날개 아래에 피하리로다 그의 진실함은 방패와 손 방패가 되시나니"시 91:4.

❼ 위험이나 질병을 두려워하며 살지 않도록 기도하라

하나님께 눈을 고정시킬 때 그들은 언제든 닥칠 수 있는 공격을 두려워하며 살 필요가 없을 것이다. "너는 밤에 찾아오는 공포와 낮에 날아드는 화살과 어두울 때 퍼지는 전염병과 밝을 때 닥쳐 오는 재앙을 두려워하지 아니하리로다"시 91:5-6.

❽ 주변의 나쁜 상황을 보더라도 두려워하지 않도록 기도하라

이는 엄연한 현실을 부정하는 삶이 아니다. 든든한 보호자이신 하나님과 동행하고 있음을 자각하는 삶이다. "천 명이 네 왼쪽에서, 만 명이 네 오른쪽에서 엎드러지나 이 재앙이 네게 가까이하지 못하리로다"시 91:7.

❾ 하나님의 방식을 따르지 않는 삶의 결과를 이해하도록 기도하라

불순종에는 반드시 대가가 따름을 이해하지 못하는 사람들이 너무나 많다. "오직 너는 똑똑히 보리니 악인들의 보응을 네가 보리로다"시 91:8.

❿ 하나님의 방식을 따를 때 그분의 보호를 받음을 깨닫도록 기도하라

하나님은 자신의 방식을 따라 사는 사람들을 올바른 길로 이끌고 해악과 상해와 질병으로부터 지켜 주실 것이다. "네가 말하기를 여호와는 나의 피난처시라 하고 지존자를 너의 거처로 삼았으므로 화가 네게 미치지 못하며 재앙이 네 장막에 가까이 오지 못하리니"시 91:9-10.

자녀 주위를 천사들로 에워싸시도록 기도하라

성경은 천사들에 대해 특히 우리를 보호하는 천사들에 대해 많이 언급한다.

여호와의 천사가 마리아의 남편인 요셉에게 여러 차례 나타나서 안전한 곳으로 피신하도록 일러 주었다. 그 천사는 마리아와 요셉에게 예수님과 함께 베들레헴을 떠나라고 지시했다. "그들이 떠난 후에 주의 사자가 요셉에게 현몽하여 이르되 헤롯이 아기를 찾아 죽이려 하니 일어나 아기와 그의 어머니를 데리고 애굽으로 피하여 내가 네게 이르기까지 거기 있으라 하시니"마 2:13.

여호와의 천사가 감옥에 갇힌 베드로를 구했다. "홀연히 주의 사자가 나타나매 옥중에 광채가 빛나며 또 베드로의 옆구리를 쳐 깨워 이르되 급히 일어나라 하니 쇠사슬이 그 손에서 벗어지더라……이에 첫째와 둘째 파수를 지나 시내로 통한 쇠문에 이르니 문이 저절로 열리는지라 나와서 한 거리를 지나매 천사가 곧 떠나더라 이에 베드로가 정신이 들어 이르되 내가 이제야 참으로 주께서 그의 천사를 보내어 나를 헤롯의 손과 유대 백성의 모든 기대에서 벗어나게 하신 줄 알겠노라 하여"행 12:7-11.

천사가 광풍 가운데서 바울에게 나타났다. 그 천사는 바울에게 일어날 일과 일어나지 않을 일을 알려 주었다. 바울은 안심했고 천사에게서 들었던 일이 그대로 일어났다. "내가 속한 바 곧 내가 섬기는 하나님의 사자가 어제 밤에 내 곁에 서서 말하되 바울아 두려워하지 말라 네가 가이사 앞에 서야 하겠고 또 하나님께서 너와 함께 항해하는 자를 다 네게 주셨다 하였으니"행 27:23-24.

예수님은 우리 자녀의 수호천사들이 얼마나 중요한지 말씀하셨다.

제자들이 천국에서 가장 큰 자가 누구인지 예수님께 여쭙고 있었다마 18:1. 그때 예수님은 어린아이 하나를 불러 저희 가운데 세우고 말씀하셨다. "누구든지 이 어린아이와 같이 자기를 낮추는 사람이 천국에서 큰 자니라 또 누구든지 내 이름으로 이런 어린아이 하나를 영접하면 곧 나를 영접함이니"마 18:4-5. 계속해서 예수님은 말씀하셨다. "삼가 이 작은 자 중의 하나도 업신여기지 말라 너희에게 말하노니 그들의 천사들이 하늘에서 하늘에 계신 내 아버지의 얼굴을 항상 뵈옵느니라"마 18:10.

성경은 천사들이 "모든 천사들은 섬기는 영으로서 구원 받을 상속자들을 위하여 섬기라고"히 1:14 보내졌다고 설명한다. 또한 이렇게도 설명한다. "그가 너를 위하여 그의 천사들을 명령하사 네 모든 길에서 너를 지키게 하심이라 그들이 그들의 손으로 너를 붙들어 발이 돌에 부딪히지 아니하게 하리로다"시 91:11-12. 위의 두 구절을 시편 91편의 나머지 내용에 비추어 읽어 보면, 하나님이 그분의 방식을 따라 사는 자들을 돌보기 위해 천사들을 보내심을 알 수 있다. 만일 천사들의 보호를 받고 싶다면, 하나님과 함께 거하며 그분을 피난처로 삼아야 한다. 이것은 성년자녀를 위해서도 꼭 기도해야 할 내용이다.

길고 풍성한 삶을 누리도록 기도하라

자녀보다 더 오래 살기를 원하는 부모는 없을 것이다. 또한 자녀가 젊은 나이에 죽는 것을 원하는 사람은 더더욱 없을 것이다. 우리는 자녀가 오래도록 건강하고 풍성한 삶을 살고, 손자녀가 자라는 것을 보기를 원한다. 하나님은 길고 복된 삶을 사는 법을 성년자녀에게 알려 주신다. 그것은 바로 사랑하며 순종하는 것이다. "아침에 주의 인자하심이 우리를 만족하게 하사 우리를 일생 동안 즐겁고 기쁘게 하소서 우리를 괴롭게 하신 날수대로와 우리가 화를 당한 연수대로 우리를 기쁘게 하소서 주께서 행하신 일을 주의 종들에게 나타내시며 주의 영광을 그들의 자손에게 나타내소서"시 90:14-16.

십계명 중 제5계명은 약속을 지닌 첫 번째 계명이다. "네 부모를 공경하라 그리하면 네 하나님 여호와가 네게 준 땅에서 네 생명이 길리라"출 20:12. 부모를 공경하는 것은 하나님을 순종하며 길고 풍성한 삶을 누리는 또 다른 방법이다.

사도 바울은 부모에게 순종할 것을 당부하면서 그것이 "잘되고 땅에서 장수"엡 6:1-3하는 길이라고 말했다. "너는 이제 다 컸다. 따라서 더 이상 네 부모를 공경할 필요가 없다."라는 내용은 성경에 나오지 않는다. 부모 공경에 따른 약속은 일평생을 위한 것이다. 만일 성년자녀가 어느 시점부터 부모를 공경하지 않는다면, 그는 하나님이 약속하신 길고 성공적인 삶을 누리지 못할 것이다.

자녀는 부모에 대한 사랑과 존경심에서만이 아니라 하나님에 대한 경외심에서도 부모를 공경하도록 교육받아야 한다. 하나님이 그들에게 기대하시는 것을 분명히 인식할 필요가 있으며, 또한 그분을 기쁘시게 하려는 소원을 지녀야 한다. 만일 성년자녀가 당신을 공경하지 않는다면, 그들의 마음에 변화가 일어나기를 곧바로 기도하라. 만일 당신의 자녀가 어릴 적에 부모 공경을 배우지 않고 자랐다면 지금도 그럴 가능성이 많다. 그들의 나이가 몇인지는 중요하지 않다. 어려서부터 부모 공경을 가르쳐야 한다.

부모가 서로를 지지하는 모습은 매우 바람직하다. "네 엄마에게 그런 식으로 말해서는 안 돼."라고 말하는 아빠의 모습을 나는 정말 좋아한다. 이는 어린 자녀에게는 물론이고 성년자녀에게도 해당된다. 만일 당신이 성년자녀로 하여금 부모를 공경하지 않는 것을 허용한다면, 당신은 그들의 파멸을 돕고 있는 셈이다. 부모 공경이란, 어버이날에 좋은 선물을 해드리는 일에 대한 것이 아니라 부모에게 존경과 감사를 표하는 일에 대한 것이다.

신자인 내 친구 하나가 있다. 하지만 그녀의 남편은 신자가 아니다. 그 친구와 남편을 편의상 애비와 존이라고 부르기로 하자. 존의 첫 아내는 매우 어린 두 자녀를 남겨둔 채 그를 떠났다. 수년 후 애비는 존을 만났고, 아이들은 여덟 살과 열 살 정도 되었다. 존과 결혼한 후에 애비는 그 아이들을 자신이 낳은 자식처럼 키웠다. 이제 그들은 자라서 30대 후반이다.

이 성년자녀들은 언제나 애비를 엄마로서 공경했지만, 아버지에 대해서는 거리를 두었다. 존은 그들의 삶의 어떤 면에 대해 의견을 주장했지만 그것은 받아들여지지 않았고, 그래서 그들과 아버지 사이에 대화가 끊어졌다. 작년과 올해에 걸쳐 그들은 아버지에게 전화조차 하지 않았고, 아버지의 생일이나 성탄절에 카드 하나 보내지 않았다. 물론, 그로 인해 존은 몹시 상심했다.

존은 70세에 가깝다. 성년자녀가 그들을 위해 일생을 헌신하며 그토록 많은 것을 포기했던 아버지를 무시하는 모습을 볼 때, 애비는 가슴이 아팠다. 그들은 아버지에게 큰 고통을 줄 뿐만 아니라, 그들 자신의 삶에서 축복의 문을 닫고 있다.

만일 내가 애비의 상황에 처해 있다면, 나는 자녀를 불러 문제의 심각성을 설명해 줄 것이다. 그러나 먼저 이렇게 기도할 것이다.

"주여, 자녀에게서 무시당하는 남편을 보니 저의 마음이 몹시 아픕니다. 기도하오니, 남편이 마음의 상처를 치유 받아 그들을 온전히 용서할 수 있도록 도와주소서. 자녀들의 마음을 아버지에게로 돌려주소서. 서로의 잘못을 사과하고, 그들 간에 온전한 화해가 이루어지게 하소서. 이 상황을 해결하기 위해 자녀에게나 남편에게 할 수 있는 일을 제게 보여주소서. 아버지를 공경하지 않음으로 인한 결과를 맞기 전에 그들의 마음을 회개시켜 주소서. 주여, 이 관계가 온전히 회복되게 하소서."

성년자녀가 길고 풍성한 삶을 살기를 원한다면, 우리는 부모를 공경하도록 그들을 위해 기도하고 격려해야 한다. 또한 우리는 그들이 부모를 공경하는 것이 힘들지 않고 쉬워지도록 우리 자신을 위해 기도해야 한다. 사랑은 공경으로 이끄는 가장 큰 대로이다. "성년자녀의 공경심을 유발하도록 그들에게 사랑을 보일 수 있는 방법을 가르쳐 주소서." 라고 주님께 아뢰라.

때로는 상황이 너무 나빠서 부모를 공경하기 힘든 경우들도 있다. 하지만 그런 때에도 부모 공경을 소홀히 해서는 안 된다. 내가 아는 한 그리스도인 여성은 현재 편모로서 살아가고 있다. 남편의 포르노 중독이 너무 심각했고, 그녀는 자녀에게까지 그 영향을 주고 싶지 않았기 때문이다. 포르노 중독에서 놓여나 치유 받은 남자들도 많았지만 그 남편은 그렇지 않았다. 자녀는 부모의 이혼 사유를 몰랐지만, 그녀는 자녀로 하여금 아빠를 공경하도록 계속 가르쳤다. 한번은 거의 십대에 접어든 아들이 엄마에게 고민을 털어놓았다. 아빠가 자신에게 포르노를 보여 주고 성추행을 했다는 것이었다. 그녀는 큰 충격을 받았다. 그녀는 자녀에게 아버지를 공경하도록 가르치려고 애썼지만, 그 아버지는 자신을 철저히 욕되게 했다. 가까이 있는 부모를 공경하기 힘든 경우들도 더러 있는 법이다.

자녀로 하여금 부모인 당신을 공경하게 한다는 것이 위협조의 요구를 뜻하는 것은 아니다. 어디까지가 공경이고 어디부터가 무시인지를 자녀에게 알려 줄 필요가 있다. 또한 우리는 자녀로부터 공경받을 만하게 처신함으로 굳이 그것을 자녀에게 요구할 필요가 없도록 도와주실 것을 하나님께 간구해야 한다.

자녀를 기르면서 우리는 자녀의 마음에 심긴 작은 씨앗 하나가 좋은 것이든 나쁜 것이든, 세우는 것이든 무너뜨리는 것이든 간에 어떻게 거대하게 자랄 수 있는지를 보아 왔다. 우리는 자녀 속에 씨앗을 심을 수 있다. 그들을 세워 주는 말을 하고, 장점과 잠재적인 능력을 보도록 도와주며, 그들 자신의 가치를 느끼게 한다면 우리는 그들의 공경을 받지 못할까 봐 염려할 필요가 없다. 그들은 사랑과 감사의 마음으로 우리를 공경할 것이다. 좋은 씨앗을 심도록 도와주실 것을 하나님께 간구하자.

힘든 시기를 극복하도록 기도하라

성년자녀가 힘든 시기에 직면할 때 우리는 매우 염려하면서 함께 괴로워한다. 그러나 하나님과 동행할 때 하나님은 우리의 힘든 시기를 활용하여 선을 이루신다. 이는 우리가 언제나 힘든 시기로 '부터' 보호받는 것이 아니라, 그 '안에서' 보호받음을 뜻한다. 우리는 성년자녀가 "여호와의 이름은 견고한 망대"이며 "의인은 그리로 달려가서 안전함을" 얻음을 믿도록 매일 기도할 필요가 있다잠 18:10. 그들이 언제나 예수님의 이름 안에서 보호와 힘과 안전을 얻도록 기도하라.

때로는 하나님이 우리의 주의를 환기시키고 길을 바로잡기 위해 힘든 시기를 겪게 하실 것이다. 하나님은 우리를 징계하고, 우리 앞에 놓인 것을 준비시키기 위한 방법으로 고난을 허용하신다. "주께서 그 사랑하시는 자를 징계하시고 그가 받아들이시는 아들마다 채찍질하심이라"히 12:6. 하나님이 우리의 삶에 고난을 허용하시는 궁극적인 목적은 그분과의 올바른 관계로 회복시키는 것이다.

누구나 고통당하는 자녀의 모습을 보면 견디기 힘들다. 그럴 때 곧장 뛰어들어 해결해 주고 싶은 게 부모 마음이다. 그러나 우리가 하나님의 역할을 가로챌 수는 없다. 우리는 실제로 무슨 일이 일어나고 있는지 주님께 여쭈어야 한다. 만일 당신이 자녀의 주의를 환기시키고 그들을 올바른 길로 이끄시기를 하나님께 기도하고 있는 중에 고통스러운 일이 일어난다면, 그것은 당신의 기도에 대한 응답일 수 있다.

물론 우리는 성년자녀가 불필요한 고난이나 부상을 당하기를 원하지 않는다. 그들에게 도움이 필요할 때에는 도와주어야 한다. 하지만 그것에 대해 하나님께 지혜와 분별력을 구해야 한다. 때로는 성년자녀가 힘들게 교훈을 배워야 할 때도 있기 때문이다. 방향 감각과 통찰력을 하나님께 간구하라. 어떤 일이 일어나든 그들이 그 경험으로부터 꼭 필요한 것을 배우도록 하나님의 도우심을 구하라.

힘든 상황에 처할 때 항상 우리는 그 어려움이 끝나고 일이 잘될 날을 내다본다. 그러나 하나님은 그 힘든 때에도 일이 잘되고 있고, 그 시기 동안 우리와 함께 계심을 우리가 알기를 원하신다. 그 순간에 우리가 알든 모르든 기도하는 우리에게 좋은 일들이 일어나고 있다. 하나님은 그 어려움을 극복하도록 이끄심을 우리가 믿고 신뢰하기를 원하신다. 자녀가 이 모든 것을 이해하도록 기도해야 한다. 어쩌면 우리 자신도 그것을 더 잘 이해하도록 기도해야 할 것이다. 왜냐하면 때로는 시련 속에서 이 사실들을 기억하기 힘든 경우가 있기 때문이다.

만일 성년자녀에게 어떤 나쁜 일이 일어나면, 하나님의 능력으로 그들을 회복시키지 못할 정도로 심각한 상황이란 없음을 알라. 당신이 힘든 시기를 보내는 성년자녀를 위해 기도할 때 그들은 이전보다 더 나은 모습으로, 하나님과 더불어 훨씬 더 깊은 관계로 변할 수 있다.

때로는 쉽게 벗어날 수 없는 문제도 있다. 당신은 자녀와 함께 그 문제에 정면으로 부딪히게 될 것이다. 하지만 우리의 기도로 말미암아 하나님이 그 상황에 개입하시면 모든 것이 합력하여 선을 이룬다. 만일 자녀에게 닥친 시련이 마귀의 짓이라면, 그 상황을 구속하며 손상된 것을 회복시켜 주실 것을 하나님께 기도하라. 하나님의 뜻은 우리의 전 존재와 삶 전체를 회복시키시는 것이다.

하나님의 선하심을 이해하도록 기도하라

내가 잭 헤이포드 목사에게서 배운 것 중 하나는, 하나님과 그분의 방식의 선하심을 깨닫게 해주는, 우리 자신이나 가족 또는 우리의 자녀에 관한 이야기들을 그들에게 들려주는 것이다. "내가 입을 열어 비유로 말하며 예로부터 감추어졌던 것을 드러내려 하니 이는 우리가 들어서 아는 바요 우리의 조상들이 우리에게 전한 바라 우리가 이를 그들의 자손에게 숨기지 아니하고 여호와의 영예와 그의 능력과 그가 행하신 기이한 사적을 후대에 전하리로다"시 78:2-4.

내가 자녀에게 즐겨 말하는 이야기 중 하나는 나의 부모님이 기도하는 분이었다는 것이다. 할머니는 여덟 자녀를 위해 기도하는 신실한 그리스도인이셨고, 개인적으로 우리는 아버지를 위한 할머니의 기도의 결실을 보아 왔다.

나의 아버지는 여러 차례 죽을 고비를 넘기셨다. 믿기 힘든 내용의 그 이야기들을 아버지와 친척들, 그리고 가족의 옛 친구들로부터 종종 들었다. 한번은 내가 거의 두 시간 동안 아버지를 인터뷰하여 그 내용을 테이프에 담았다. 소중히 보관해 두기 위해서였다. 그 내용 10가지를 소개하면 다음과 같다.

❶ 아버지는 14세 때 번개에 맞았다.

❷ 젊었을 때 심각한 늑막염에 걸렸고, 의사는 마취도 하지 않은 상태에서 메스로 아버지의 옆구리를 찔러 폐 속의 물을 빼냈다.

❸ 사고로 머리에 총을 맞았다.

❹ 강한 눈보라 속에서 말을 탄 채로 깊은 계곡에 떨어졌다. 만일 어떤 사람에 의해 발견되지 않았다면 아버지는 동사했을 것이다.

❺ 바람이 심하게 불던 어느 날, 눈으로 덮여 얼어붙은 산길을 트럭을 몰고 내려가던 중에 낭떠러지로 미끄러졌다. 그 트럭은 거꾸로 50피트 정도 미끄러지다가 눈더미에 걸려 아슬아슬하게 멈췄다.

❻ 심각한 심장마비를 겪었다.

❼ 아버지가 몰던 차가 열차에 부딪혔다. 그 차는 심하게 망가졌다.

❽ 두 번째로 번개에 맞았다.

❾ 성난 황소의 공격을 받았다.

❿ 말을 타고 강을 건너다가 거의 익사할 뻔했다.

나는 아버지가 죽을 뻔했던 그 모든 위기들을 넘길 수 있었던 것이 할머니의 기도 덕분이었다고 입증할 수는 없다. 하지만 할머니의 기도 덕분이 아니라고 증명할 수 있는 사람도 없을 것이다. 나는 늑막염 때문에 아버지의 옆구리에 뚫렸던 구멍의 흔적을 보았다. 총알에 맞았던 머리의 상처도 보았다. 심장마비 직후에 병원에서 아버지를 보았다. 또한 나는 열차에 부딪힌 아버지의 차를 보았다. 그때 나는 열 살이었다. 하나님을 몰랐던 그 어린 나이에도 나는 그것이 기적이라고 생각했다. 그 차가 너무 심하게 망가졌던 까닭에 나는 어떻게 아버지가 목숨을 건질 수 있었을까 하고 생각했다.

열차는 조수석을 들이받았고, 자동차의 오른쪽 면이 운전석 쪽으로 부서져 들어갔다. 부서진 차를 보면서 나는 거구인 아버지가 어떻게 그 작은 공간에서 무사할 수 있었을까 하고 놀랐다. 그 사고에서 아버지는 아무런 상처도 입지 않았다. 사실 이 모든 사고들에서 아버지에게 남은 흉터는 두어 개에 불과하다.

이 사고들 모두가 목숨을 앗아갈 수 있을 정도로 위험했지만, 아버지는 93세에 편안히 잠든 가운데 세상을 떠났다. 그때까지도 아버지의 정신은 멀쩡했고 특별한 질병도 없었다. 그것은 아버지가 늘 원하셨던 방식의 죽음이었다.

어떻게 이 모든 일이 일어난 것일까?

아버지는 요령을 피우는 사람이 아니었다. 힘든 상황에서도 최선을 다해 열심히 일하신 분이었다. 그리고 아버지는 정신적으로 몹시 피곤하게 했던 어머니보다 더 오래 사셨다. 어떻게 아버지가 이 모든 위기들을 무사히 넘길 수 있었을까? 나는 그것이 아버지의 기도하는 어머니 덕분이라고 믿는다. 할머니는 고령으로 돌아가셨고, 할머니의 여덟 자녀도 모두 장수했다.

나의 아버지는 부모의 기도가 자녀를 지켜 주며, 그들로 하여금 힘든 시기를 극복할 수 있게 함을 보여 주는 귀한 예이다. 성년자녀를 위한 당신의 기도도 그와 같은 힘을 발휘할 수 있다.

주여, 저의 자녀를 보호해 주시기를 기도합니다. 그들이 주님을 방패로서 신뢰하게 하소서잠 30:5. 모든 사고와 질병과 쇠약함과 다른 사람들의 폭력과 갑작스러운 위험과 악한 계략들로부터 지켜 주소서. 그들이 차나 비행기, 버스, 배 등을 탈 때마다 그들의 보호자가 되어 주소서. 그들이 어디로 향하든 그 발이 미끄러지지 않기를 기도합니다. 그들을 위험으로부터 멀어지게 하시고시 17:5, 항상 안전하게 지켜 주소서.

그들이 주님의 인도하시는 음성을 듣도록 도우시며, 언제나 주님의 뜻을 따르도록 가르쳐 주소서. "여호와를 경외하는 것"이 그들에게 "생명의 샘"이 되어 그들로 "사망의 그물에서 벗어나게" 하기를 기도합니다

잠 14:27.

그들이 주님의 보호하시는 그늘 안에 거하는 법을 배우도록 도와주소서시 91:1. 그들의 "피난처"와 "힘" 그리고 "환난 중에 만날 큰 도움"이 되어 주소서시 46:1. 그들을 공격하는 무기가 무뎌지기를 기도합니다사 54:17. 그들에게 자비를 베푸시며 "주의 날개 그늘 아래에서" 안전하게 지켜 주소서시 57:1. 위험에 빠지지 않고 안전하게 거하기 위해 필요한 지혜와 분별력과 계시를 그들에게 허락하소서.

주님, 주의 말씀에 비록 악인이 의인을 멸하려 할지라도 주님이 허락하지 않으실 것이라고 하셨습니다시 37:32-33. 저의 자녀를 모든 악한 계략으로부터 지키소서. 공의는 주님께 있으므로 법적 문제들로부터 그들을 지켜 주소서잠 29:26. 그들이 깊은 물을 지날 때 함께하셔서 강물이 그들을 덮치지 못하게 하소서. 불 가운데로 행할 때에도 타지 않게 하소서사 43:2.

주여, 그들이 힘든 시기를 지날 때 그들의 보호자가 되어 주소서. 주님의 도우심을 구하는 법을 배우게 하소서시 121:1-2. 주님의 권능에 비추어 볼 때 마귀의 힘은 아무것도 아닙니다. 그들을 강하게 하시며 안전하게 지켜 주소서시 18:39. "어둠의 일을 벗고 빛의 갑옷을"롬 13:12 입도록 도우소서. 그들이 곤경 중에 주님께 부르짖어 구원 얻는 법을 배우기를 기도합니다시 107:6.

그들에게 닥치는 힘든 일들이 주님의 영광을 위해 그리고 주님과 그들과의 관계가 더 깊어지게 하기 위해 사용되기를 기도합니다. 낙심하지 않도록 그리고 모든 상황에서 주님의 선하심을 볼 줄로 믿도록시 27:13 그들을 도와주소서. 어떤 일이 일어나든 결국 "이는 여호와께서 행하신 것이요 우리 눈에 기이한 바로다"시 118:23라고 말할 수 있게 하소서. "내가 평안히 눕고 자기도 하리니 나를 안전히 살게 하시는 이는 오직 여호와이시니이다"시 4:8라고 고백하도록 도와주소서.

예수님의 이름으로 기도합니다. 아멘.

능 · 력 · 의 · 말 · 씀

"네가 물 가운데로 지날 때에 내가 너와 함께할 것이라 강을 건널 때에 물이 너를 침몰하지 못할 것이며 네가 불 가운데로 지날 때에 타지도 아니할 것이요 불꽃이 너를 사르지도 못하리니" 사 43:2.

"여호와께서 너의 출입을 지금부터 영원까지 지키시리로다" 시 121:8.

"내가 사망의 음침한 골짜기로 다닐지라도 해를 두려워하지 않을 것은 주께서 나와 함께하심이라 주의 지팡이와 막대기가 나를 안위하시나이다" 시 23:4.

"이 곤고한 자가 부르짖으매 여호와께서 들으시고 그의 모든 환난에서 구원하셨도다" 시 34:6.

"여호와는 나의 반석이시요 나의 요새시요 나를 건지시는 이시요 나의 하나님이시요 내가 그 안에 피할 나의 바위시요 나의 방패시요 나의 구원의 뿔이시요 나의 산성이시로다 내가 찬송 받으실 여호와께 아뢰리니 내 원수들에게서 구원을 얻으리로다" 시 18:2-3.

14장
늘 하나님의 인도를 받도록 기도하라

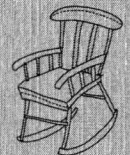

The Power of Praying for Your Adult Children

우리에게는 자녀의 삶을 편안히 지켜보기만 할 수 있는 순간이 없다. 그들이 학교를 졸업하거나, 안정된 직장을 갖거나, 집을 사거나, 멋진 배우자를 만나 결혼해 자녀를 낳거나, 생활이 윤택해지거나, 주님과의 관계가 친밀해지거나, 나쁜 친구들과 더 이상 만나지 않으면 그들의 앞날에 대해 염려하지 않을 거라고 당신은 생각할 뿐이다.

자녀를 갖는 것이 종신형이 아닌가 하고 최근에 어떤 사람이 내게 물었다. 나는 기도하지 않을 때에는 그런 생각이 들 수 있다고 말했다. 기도할 때에는 자녀의 삶에 하나님의 뜻이 이루어지도록 관심을 갖는 것이 하나님으로부터 받은 일생의 귀한 과제로 여겨진다. 하나님의 응답을 기다리며 평안한 마음으로 기도를 계속하기 위해 우리가 반드시 기억해야 할 것들이 있다.

자녀의 장래를 위한 하나님의 약속들을 기억하라

자녀의 장래에 관한 하나님의 말씀은 당신의 장래에 관한 것이기도 하다. "여호와의 말씀이니라 너희를 향한 나의 생각을 내가 아나니 평안이요 재앙이 아니니라 너희에게 미래와 희망을 주는 것이니라 너희가 내게 부르짖으며 내게 와서 기도하면 내가 너희들의 기도를 들을 것이요 너희가 온 마음으로 나를 구하면 나를 찾을 것이요 나를 만나리라"렘 29:11-13.

평안하고 소망 가득한 미래에 대한 약속이 실현되게 하는 것이 기도이다. 하나님은 이르시기를, 만일 당신이 전심으로 간구하면 자신을 찾을 것이며 당신을 위해 마련하신 위대한 미래를 찾을 것이라고 하신다.

부모로서 우리는 부정적인 생각에 잠겨 있을 수 없다. 우리의 생각과 두려움을 통제하여 근심에서 벗어나야 한다. 그렇게 하지 않으면 자녀의 미래에 대한 염려가 기쁨을 앗아가고, 우리의 몸과 마음과 영혼을 병들게 할 것이다. 기도할 수 있는데 그런 식으로 살 필요는 없다.

기도의 가장 순수한 형태 중 하나는 찬양이다. 우리는 미래에 대한 모든 두려움을 경배함으로 몰아낼 수 있다. 하나님을 경배할 때 우리는 하나님과 그분의 나라를 접하며, 하나님의 성령은 우리를 붙드신다. 찬양과 경배는 우리의 삶과 마음속에 하나님의 임재를 초청하는 가장 확실한 방법이다. 그분의 임재 속에서 우리는 장래에 대한 모든 두려움으로부터 벗어날 수 있다.

주님 안에는 언제나 소망이 있음을 기억하라

소망은 우리를 계속 나아가게 한다. 아침에 우리를 일어나게 하는 것이 소망이다. 우리를 계속 기도하게 하는 것이 소망이다. 소망은 막연히 소원을 비는 것이 아니다. 그것은 하나님의 약속들을 믿는 것이다. "소망이 우리를 부끄럽게 하지 아니함은 우리에게 주신 성령으로 말미암아 하나님의 사랑이 우리 마음에 부은 바 됨이니"롬 5:5. 우리 안에 있는 하나님의 사랑이 소망을 불러일으키고, 그 소망은 기도와 믿음을 유발한다.

마귀는 거짓말로 우리의 소망을 훔치려 하지만, 우리는 하나님의 말씀으로 그의 입을 막는다. "주께서 생명의 길을 내게 보이셨으니 주 앞에서 내게 기쁨이 충만하게 하시리로다"행 2:28. 당신의 믿음을 세워 주며 장래에 대한 확신을 갖게 하는 데에 하나님 말씀보다 더 확실한 것은 없다. 성경은 이르기를 "소망이 더디 이루어지면 그것이 마음을 상하게 하거니와 소원이 이루어지는 것은 곧 생명나무"잠 13:12라고 한다. 만일 성년자녀가 장래에 바라는 일이 오래도록 이루어지지 않고 기도 응답이 지연되어 상심한 상태라면, 하나님의 이름에 대한 소망과 그분의 임재로 인한 기쁨과 그분의 말씀 속에 있는 위안을 그 심령 속에 채워 주실 것을 하나님께 간구하라.

예레미야는 하나님을 신뢰하고 그분에게 소망을 두는 사람이 마치 물가에 심긴 나무와 같다고 했다. 그 뿌리는 강가에 뻗쳐지며, 더위가 올지라도 두려워할 필요가 없고, 가뭄이 와도 걱정이 없다렘 17:7-8. 가품을 겪어 본 적이 있다면 그것이 얼마나 두려운지를 알 것이다. 물이 없어지면 살 수 없기 때문에 당신은 물이 얼마나 소중한지를 깨닫게 된다. 당신이나 당신의 자녀가 메마른 곳에 있을 때, 하나님이 생수를 부어 주시며 소망이 있게 하실 것이다.

하나님이 자비와 긍휼에 풍성하심을 기억하라

한때 예레미야는 모든 소망을 잃었다. 상황이 너무나 암담하여 아무런 소망도 품을 수 없었다. 하지만 그때 그는 하나님의 자비를 기억했다. "이것을 내가 내 마음에 담아 두었더니 그것이 오히려 나의 소망이 되었사옴은 여호와의 인자와 긍휼이 무궁하시므로 우리가 진멸되지 아니함이니이다 이것들이 아침마다 새로우니 주의 성실하심이 크시도소이다 내 심령에 이르기를 여호와는 나의 기업이시니 그러므로 내가 그를 바라리라 하도다"애 3:21-24.

과거에 무슨 일이 일어났든 오늘 하나님의 자비는 새롭다. 오늘 죄를 회개할 수 있다. 오늘 하나님은 불가능해 보이는 일을 행하실 수 있다. 오늘 상황이 변할 수 있고, 오늘 소망이 당신의 마음을 채울 수 있다.

예레미야는 여호와를 기다릴 필요가 있음을 노래했다. 이는 하나님의 기도 응답을 인내하며 기다려야 함을 뜻한다. "기다리는 자들에게나 구하는 영혼들에게 여호와는 선하시도다 사람이 여호와의 구원을 바라고 잠잠히 기다림이 좋도다"애 3:25-26. 여호와를 기다림은 하나님이 하실 일에 대한 소망적인 기대이다. 그것은 하나님의 하실 일이 기다릴 만한 가치가 있음을 믿는 것이다.

또한 예레미야는 하나님이 늘 긍휼을 보여 주실 것임을 기억했다. 우리는 영원히 고통당하지는 않는다. "이는 주께서 영원하도록 버리지 아니하실 것임이며 그가 비록 근심하게 하시나 그의 풍부한 인자하심에 따라 긍휼히 여기실 것임이라 주께서 인생으로 고생하게 하시며 근심하게 하심은 본심이 아니시로다"애 3:31-33. 우리가 고통당하는 것은 그분의 뜻이 아니다. 하나님은 자신의 방식을 우리에게 가르치기 위해 고난을 허락하신다. 하나님의 자비와 긍휼을 기억할 때 당신은 그분이 곧 자비와 긍휼을 베푸실 것을 믿고 계속 기도할 수 있다.

자녀의 장래에 관한 편지를 그들에게 보내라

만일 오늘 우리가 하늘나라로 간다면 아마도 자녀에게 해주지 못해 아쉬운 말들이 있을 것이다. 나는 당신이 활용할 수 있는 편지를 하나 써 보았다. 이런 편지를 자녀에게 지금 주거나 아니면 나중에 읽게 할 수도 있다. 적절한 시점을 알려 주실 것을 하나님께 간구하라. 나는 당신이 이 내용보다 더 좋은 편지를 쓰기를 바란다.

사랑하는 ○○에게

이 편지를 쓰는 것은 내가 너를 사랑하고, 너를 자랑스럽게 여기고 있음을 말해 주고 싶기 때문이란다. 하나님이 너에게 주신 모든 귀한 은사와 재능을 나는 알고 있어. 하나님이 너의 그 은사와 재능을 사용하셔서 위대한 일들을 이루실 거라고 믿는다. 나는 완벽한 부모이지 못했고, 너는 완벽한 자녀이지 못했을 수 있어. 하지만 주님 외에는 아무도 완벽하지 않음을 너도 나도 잘 알고 있을 거야. 나는 너로 인해 매일 하나님께 감사드린다. 너는 언제나 내 삶에 놀라운 축복이었어.

나는 네가 풍성하고 멋진 장래를 누리기를 기도해 왔어. 그리고 앞으로도 내가 사는 날까지 계속 기도할 거야. 하나님을 믿고 의지하면 너를 위해 마련하신 앞날이 얼마나 근사한지 상상조차 할 수 없을 거라고 하나님은 말씀하셔. 우리는 기도하고 또 기도해야 한다.

나는 너와 하나님과의 관계가 친밀하고 튼튼하기를, 하나님 말씀과 그분의 방식에 대한 너의 사랑이 점점 더 커지기를 기도한다. 또 나는 네가 늘 성령 충만하기를 기도한다. 이는 그분이 너를 인도하고, 가르치고, 위로하며, 치유하고, 자유롭게 하고, 네 믿음을 성장시키며, 네 심령에 말씀하시기 때문이야. 나는 네가 그분의 임재를 늘 느끼기를 기도한다.

하나님과 함께 사는 삶에 어려운 일이 없는 것은 아님을 기억하기를 바란다. 마귀는 언제나 너를 넘어뜨리려 할거야. 하나님이 그에 맞설 힘과

지혜를 너에게 주시기를 기도한다. 하나님이 네 장래를 위한 계획을 지니고 계시듯이, 마귀도 그러함을 항상 명심하여라. 또한 마귀는 네 삶을 위한 하나님의 계획에 늘 도전하려 들 것이다. 나는 하나님의 계획이 성공하고 마귀의 뜻이 좌절되기를 기도한다.

네가 하나님을 가까이하며, 하나님의 방식에 순종하며, 그 말씀을 지속적으로 읽고, 그분에 대한 의심을 떨쳐 버리고, 찬양과 경배로 하나님을 높이기를 소망한다. 그리고 모든 사람들에게 그분의 사랑을 보이고, 결정이 필요할 때에는 그분의 도우심을 구하고, 매일 그분께 의지하며, 모든 것에 대해 예수님의 이름으로 하나님께 기도하기를 바란다. 이렇게 하는 한 너는 잘못될 수가 없단다. 그렇게 할 수 있도록 하나님의 도우심을 구하여라.

어떤 일이 일어나든 주님을 향한 믿음을 포기하지 말아라. 주님은 결코 너를 포기하지 않으실 것이기 때문이야. 하나님은 변함이 없으시단다. 그분은 어제나 오늘이나 영원토록 동일하시지히 13:8. 그분은 소망과 근사한 장래를 포함하여 많은 것들을 너에게 약속하셨어. 따라서 네게 어떤 일이 일어나더라도 그 약속들은 변함없을 거야.

매일 네 장래를 하나님의 손에 맡겨라. 네 장래와 관련하여 가장 중요한 것은 그분의 말씀과 그분이 행하신 것이기 때문이야. 그분은 너의 미래

이셔. 너의 미래는 오늘 그분과 동행함으로 펼쳐질 거야. 네가 그렇게
할 때 하나님은 매일 너를 위한 장래를 예비하실 거란다. 일들이 네가
바라는 만큼 빨리 이루어지지 않는 것 같더라도 낙심하지 말기를 바란
다. 그 일들은 좀처럼 빨리 이루어지지 않아. 왜냐하면 하나님이 너의
삶에서 어떤 일을 행할 때 너의 내면에 더 중요한 일을 이루시기 때문이
야. 그분이 너에게 가르치기를 원하시는 교훈들이 있는데, 그 교훈들을
잘 배우도록 도와주실 것을 간구해라.

나는 더 오래 살 수도 있고, 갑자기 내일 세상을 떠날 수도 있어. 어떻게
되든 나는 네 삶을 위해 기도해 왔다. 나는 죽으면 주님과 함께 하늘에
있을 테지만, 너를 위한 나의 사랑과 기도는 언제나 너와 함께할 거야.
또한 언젠가 하늘에서 너를 만나기를 바란다. 나는 네가 이렇게 말할 수
있었으면 좋겠어.

"나는 선한 싸움을 싸우고 나의 달려갈 길을 마치고 믿음을 지켰으니
이제 후로는 나를 위하여 의의 면류관이 예비되었으므로 주 곧 의로우
신 재판장이 그날에 내게 주실 것이며 내게만 아니라 주의 나타나심을
사모하는 모든 자에게도니라"딤후 4:7-8.

네가 예수님을 마음에 영접할 때 하늘에서의 영원한 미래가 너에게 보
장된다고 하나님은 말씀하셔. 절대로 주님께 등을 돌리지 않음으로 너

의 안전한 미래가 확실해지게 하여라.

마지막으로, 주님이 주시는 이 소망의 말씀을 너에게 전해 주고 싶구나. "일어나라 빛을 발하라 이는 네 빛이 이르렀고 여호와의 영광이 네 위에 임하였음이니라 보라 어둠이 땅을 덮을 것이며 캄캄함이 만민을 가리려니와 오직 여호와께서 네 위에 임하실 것이며 그의 영광이 네 위에 나타나리니" 사 60:1–2.

네 삶의 캄캄한 시기에도 네 안에 또 네 위에 비취는 예수님의 빛은 결코 사라지지 않을 것임을 기억하여라.

언제나 너를 사랑하는
엄마 · 아빠로부터...

주여, 저의 자녀의 앞날이 주님의 손길 안에서 길고 형통하며 안전하기를 기도합니다. 그들에게 평안과 복된 장래와 소망을 주시는 주님께 감사드립니다. 주님이 마련하신 길에서 결코 벗어나지 않도록 그들의 걸음마다 인도하소서. 그들의 마음을 주께로 돌이켜 언제나 주님의 뜻과 방식을 명심하게 하소서. 주님의 축복을 얻지 못하는 길에서 시간을 허비하지 않도록 그들을 지켜 주소서.

올바른 길로 달음질하여 주께서 예비하신 상을 받도록 그들을 도와주소서고전 9:24. 그들이 주의 궁정에서 번성하며 노년이 되도록 풍성한 결실을 맺기를 기도합니다시 92:13-15. 주님이 "우리 가운데서 역사하시는 능력대로 우리가 구하거나 생각하는 모든 것에 더 넘치도록 능히"엡 3:20 하실 수 있음을 기억하도록 그들을 도와주소서.

아무것도 예수 그리스도 안에 있는 주님의 사랑에서 그들을 끊지 못하기를 기도합니다롬 8:38-39. 항상 그들과 함께하여 그들을 인도하며 가르치시는 그리고 힘든 때에 위로하시는 성령께 감사드립니다. 그들의 장래가 나날이 더 환해지기를 기도합니다. 그들의 궁극적 미래가 주님과 함께 하늘에서 전개되기를, 그리고 내가 거기서 그들을 다시 만나기를 기도합니다.

소망의 하나님이여, 주의 기쁨과 평안으로 그들을 채워 "성령의 능력으로 소망이"롬 15:13 넘치게 하소서.

예수님의 이름으로 기도합니다. 아멘.

능·력·의·말·씀

"무릇 여호와를 의지하며 여호와를 의뢰하는 그 사람은 복을 받을 것이라 그는 물가에 심어진 나무가 그 뿌리를 강변에 뻗치고 더위가 올지라도 두려워하지 아니하며 그 잎이 청청하며 가무는 해에도 걱정이 없고 결실이 그치지 아니함 같으리라" 렘 17:7–8.

"온전한 사람을 살피고 정직한 자를 볼지어다 모든 화평한 자의 미래는 평안이로다" 시 37:37.

"의인의 길은 돋는 햇살 같아서 크게 빛나 한낮의 광명에 이르거니와" 잠 4:18.

"정녕히 네 장래가 있겠고 네 소망이 끊어지지 아니하리라" 잠 23:18.

"하나님이 자기를 사랑하는 자들을 위하여 예비하신 모든 것은 눈으로 보지 못하고 귀로 듣지 못하고 사람의 마음으로 생각하지도 못하였다" 고전 2:9.

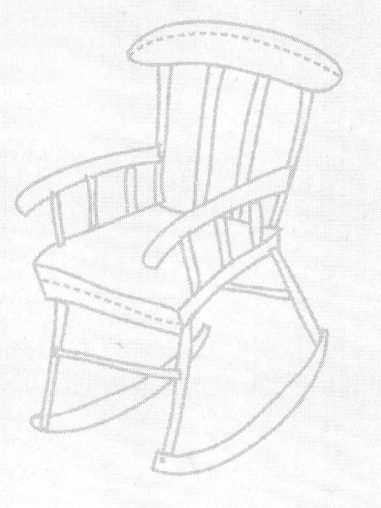

사명선언문

너희가 흠이 없고 순전하여……세상에서 그들 가운데 빛들로
나타내며 생명의 말씀을 밝혀 _ 빌 2:15-16

1. 생명을 담겠습니다
만드는 책에 주님 주신 생명을 담겠습니다.
그 책으로 복음을 선포하겠습니다.

2. 말씀을 밝히겠습니다
생명의 근본은 말씀입니다.
말씀을 밝혀 성도와 교회의 성장을 돕겠습니다.

3. 빛이 되겠습니다
시대와 영혼의 어두움을 밝혀 주님 앞으로 이끄는
빛이 되는 책을 만들겠습니다.

4. 순전히 행하겠습니다
책을 만들고 전하는 일과 경영하는 일에 부끄러움이 없는
정직함으로 행하겠습니다.

5. 끝까지 전파하겠습니다
모든 사람에게, 땅 끝까지, 주님 오시는 그날까지
복음을 전하는 사명을 다하겠습니다.

서점 안내

광화문점   서울시 종로구 새문안로 69 구세군회관 1층
02)737-2288 / 02)737-4623(F)

강남점   서울시 서초구 신반포로 177 반포쇼핑타운 3동 2층
02)595-1211 / 02)595-3549(F)

구로점   서울시 동작구 시흥대로 602, 3층 302호
02)858-8744 / 02)838-0653(F)

노원점   서울시 노원구 동일로 1366 삼봉빌딩 지하 1층
02)938-7979 / 02)3391-6169(F)

일산점   경기도 고양시 일산서구 중앙로 1391 레이크타운 지하 1층
031)916-8787 / 031)916-8788(F)

의정부점   경기도 의정부시 청사로47번길 12 성산타워 3층
031)845-0600 / 031)852-6930(F)

인터넷서점   www.lifebook.co.kr